ActionScript 3.0
Interatividade e Multimídia no Adobe Flash CS5

ActionScript 3.0

Interatividade e Multimídia no Adobe Flash CS5

Fábio Flatschart

Copyright© 2010 por Brasport Livros e Multimídia Ltda.
Todos os direitos reservados. Nenhuma parte deste livro poderá ser reproduzida, sob qualquer meio, especialmente em fotocópia (xerox), sem a permissão, por escrito, da Editora.

Editor: Sergio Martins de Oliveira
Diretora: Rosa Maria Oliveira de Queiroz
Gerente Editorial: Marina dos Anjos Martins de Oliveira
Revisão: Maria Inês Galvão
Editoração Eletrônica: Abreu's System Ltda.
Capa: Paulo Vermelho

Técnica e muita atenção foram empregadas na produção deste livro. Porém, erros de digitação e/ou impressão podem ocorrer. Qualquer dúvida, inclusive de conceito, solicitamos enviar mensagem para **brasport@brasport.com.br**, para que nossa equipe, juntamente com o autor, possa esclarecer. A Brasport e o(s) autor(es) não assumem qualquer responsabilidade por eventuais danos ou perdas a pessoas ou bens, originados do uso deste livro.

Dados Internacionais de Catalogação na Publicação (CIP)
(Câmara Brasileira do Livro, SP, Brasil)

Flatschart, Fábio
    ActionScript 3.0 : interatividade e multimídia no Adobe Flash CS5 / Fábio Flatschart. -- Rio de Janeiro : Brasport, 2010.

    Bibliografia.
    ISBN 978-85-7452-459-7

    1. Adobe Flash CS5 2. ActionScript (Linguagem de programação para computadores) I. Título.

10-11708   CDD-005.3

Índices para catálogo sistemático:

1. Adobe Flash CS5 : Programas : Computadores : Processamento de dados   005.3

BRASPORT Livros e Multimídia Ltda.
Rua Pardal Mallet, 23 – Tijuca
20270-280 Rio de Janeiro-RJ
Tels. Fax: (21) 2568.1415/2568.1507
e-mails: brasport@brasport.com.br
            vendas@brasport.com.br
            editorial@brasport.com.br
site: www.brasport.com.br

Filial
Av. Paulista, 807 – conj. 915
01311-100 – São Paulo-SP
Tel. Fax (11): 3287.1752
e-mail: filialsp@brasport.com.br

Agradecimentos

A Gabriela Zaninetti, Marcos Scheidegger e Regiane Gouvêa, da Adobe Brasil, pelo convite para o *Adobe Influencer Program* e para o *Adobe Prerelease Program,* que tornou possível o acesso ao conteúdo e aos programas Adobe.

A Richard Martelli e Paulo Roberto, do SENAC São Paulo, que me abriram portas para novos desafios.

Aos alunos e leitores que forneceram as opiniões e dúvidas que moldaram o conteúdo este livro.

A Sérgio Martins, da Brasport, pela oportunidade e pela confiança.

A Edi e a Arthur pelo carinho, pela paciência e por me mostrarem o que realmente é importante na vida.

Para quem é este livro?

Este livro foi escrito pensando em designers e profissionais de criação que necessitam criar e produzir projetos interativos com recursos multimídia para web utilizando a linguagem ActionScript 3.0 dentro do ambiente de programação do Adobe Flash CS5.

Muito do material aqui compilado reflete a necessidade dos alunos de cursos livres e de graduação, com os quais trabalhei nos últimos anos, de encontrar um guia de referência escrito em linguagem direta e acessível.

O objetivo deste livro não é formar um programador, nem detalhar toda a estrutura, sintaxe e funcionalidade da linguagem ActionScript 3.0, mas sim de apresentar os seus fundamentos aplicados em situações práticas no formato conhecido como *cookbook* (livro de receitas), onde os conceitos são apresentados dentro de atividades, o que torna o aprendizado bem menos árido para aqueles que não são iniciados no mundo da programação.

Apesar de não ser o público principal desta publicação, programadores e desenvolvedores que desejam conhecer as possibilidades de uma nova linguagem e um novo ambiente para utilizar seus conhecimentos na criação de aplicativos para web encontrarão boas opções neste livro.

Noções básicas de Adobe Flash CS5, ou das versões anteriores do programa, de como trabalhar com as ferramentas de desenho, quadros, linha do tempo, interpolações, criação de símbolos e biblioteca, facilitam muito o total aproveitamento deste livro, mas não são imprescindíveis.

Software

Adobe Flash CS5 Professional (versão em português)

Você verá com mais detalhes neste livro que existem várias ferramentas para trabalhar com ActionScript 3.0, porém, para desenvolver os projetos mostrados aqui, você necessitará do Adobe Flash CS5.

Apesar deste livro ter sido estruturado para trabalhar a linguagem ActionScript no Adobe Flash CS5, a maioria dos exemplos mostrados nele também pode ser desenvolvida nas versões anteriores do software (CS4 e CS3), desde que configuradas para trabalhar com a versão ActionScript 3.0.

As telas, exemplos e comandos empregados se referem ao sistema operacional Windows, porém os atalhos padrões do Adobe Flash CS5 permanecem os mesmo no caso de uso da plataforma Mac.

Opcionalmente, você pode precisar também de:

Adobe Media Encoder - para converter arquivos de vídeo.

Adobe Device Central - para testar seus projetos em dispositivos móveis.

Saiba mais

Adobe Flash CS5: http://www.adobe.com/br/products/flash
Adobe Device Central: http://www.adobe.com/br/products/creative-suite/devicecentral/
Adobe Media Encoder: http://help.adobe.com/pt_BR/mediaencoder/cs/using/

Como está organizado este livro

Este livro está dividido em quatro partes: Introdução, Fundamentos, Aplicações e Workflow & Produtividade.

Parte 1 – Introdução

Uma visão geral sobre a linguagem ActionScript e sua integração com a plataforma Adobe Flash.

Parte 2 – Fundamentos

Construída na forma de atividades para você desenvolver, esta parte aborda os fundamentos da linguagem Actionscript 3.0, sua sintaxe e a aplicação de alguns conceitos básicos de lógica de programação inseridos no ambiente de programação do Adobe Flash CS5.

Antes da cada atividade, um texto introdutório enfoca os conceitos envolvidos na construção das mesmas.

Os principais conceitos envolvidos em cada atividade são assinalados com palavras-chave.

Parte 3 - Aplicações

Nesta seção, você encontra exemplos práticos da aplicação da linguagem dentro de miniaplicativos web construídos com Adobe Flash CS5. Ela está estruturada da seguinte forma:

Ação

É a indicação de uma aplicação prática dos recursos do ActionScript 3.0 dentro do Adobe Flash CS5.

Argumento

É a parte conceitual, justifica e esclarece o funcionamento dos elementos necessários para a construção da tarefa proposta na ação.

Roteiro

É o passo a passo, um "hands on", um tutorial detalhado para chegar ao resultado esperado para a ação proposta.

Script

É a "receita pronta", aqui você pode conferir se fez tudo corretamente e ter uma visão global do código que foi desenvolvido. Quando necessário, o script é comentado.

Parte 4 - Workflow & Produtividade

A quarta parte mostra o workflow (fluxo de trabalho) com ActionScript 3.0 dentro do Adobe Flash CS5 e dicas para otimizar a produção e tornar o trabalho mais rápido e eficiente.

CD-ROM

No CD-ROM que acompanha o livro, você encontra o material de apoio para um total aproveitamento do conteúdo dos capítulos: arquivos de trabalho, scripts prontos e os projetos finalizados.

O conteúdo do CD-ROM é organizado em várias pastas e o uso dos arquivos nelas contidos será indicado quando se fizer necessário, por isso é recomendável que você copie o seu conteúdo para uma pasta em seu computador.

É aconselhável também criar uma pasta de trabalho em seu computador, para salvar as atividades de apoio e os projetos do livro que forem desenvolvidos a partir dos arquivos do CD-ROM, durante o seu estudo.

Apresentação

Novas tecnologias, novas ferramentas, novos profissionais

Qualquer analista profissional de tendências nos dirá que os mundos da tecnologia e da cultura estão colidindo. Mas o que surpreende não é a própria colisão, é o fato de ela ser considerada novidade.

JOHNSON, Steven. Cultura da interface: como o computador transforma nossa maneira de criar e comunicar.

Quando do surgimento da fotografia, na metade do século XIX, dizia-se que estava decretado o fim da pintura, quando o tímido experimento dos irmãos Lumière[1] ganhou dimensões comerciais, dizia-se que o teatro e os musicais se extinguiriam, o mesmo se falou da televisão em relação ao rádio.

De certo modo isto se manteve inalterado até a última década do séc. XX, momento a partir do qual a revolução digital e a internet começaram a varrer os últimos guerreiros analógicos das trincheiras da mídia.

Aos poucos quebramos a lógica de McLuhan[2], que dizia que o meio é a mensagem, quando hoje o meio, ou o suporte, passa a ser indiferente, já

---

[1] O Cinema

[2] MCLUHAN, MARSHALL – Os meios de comunicação como extensão do homem (Understanding Media)

que informação digital rompe a parceria entre forma e conteúdo: o conteúdo são os bits e a forma pode ser aquela que quisermos em qualquer dispositivo que realize a decodificação dos bits...

Hoje, na segunda década do século XXI, estas questões começam a ficar para trás. A revolução digital já passou!

Falar em revolução digital tinha sentido para aqueles que nasceram no mundo analógico e acompanharam a transição dos átomos para os bits. Do VHS para o DVD, do vinil para o iPod...

Que sentido tem falar em revolução digital para a geração que nasceu após 1995 e não conheceu o mundo sem web, MP3 e afins? Interatividade agora é palavra-chave!

Os profissionais desta nova geração não têm mais necessidade de digitalizar o mundo, mas sim de interagir com ele. Este novo profissional, que começa a ser muito requisitado pelo mercado, é aquele que faz a ponte entre digital e o interativo.

 Ajudar este novo profissional na construção desta ponte é um dos objetivos deste livro.

Sumário

Parte I – Introdução

Aprendendo uma nova linguagem... 3
    O que é ActionScript? 4
    ActionScript 3.0 4
    Como funciona o ActionScript? 5
    A plataforma Flash 6
    ActionScript e Adobe Flash CS5 6
    Visão geral da interface do Adobe Flash CS5 7

Parte II – Fundamentos

Lógica de programação 21
    A sintaxe do ActionScript 21
    Texto de apoio: Restaurante Prato Certo 23
    Função Trace 24
    Comentários 25

Atividade 1 - Função Trace 26
    Variáveis 33
    Array 34

Atividade 2 - Variáveis 34
    Função 38
    Variável local 39
    Variável global 39

Atividade 3 - Função 39

Atividade 4 - Retorno 43

XVI ActionScript 3.0

    Objetos 47
    Classes 47
    Métodos 48
    Lista de exibição 48

Atividade 5 - Exibir um objeto da Biblioteca 49
    URLRequest 54
    Loader e Load 54

Atividade 6 - Exibir uma imagem externa 54
    TLF (Text Layout Framework) 58
    Eventos 59
    Ouvintes 60
    Void 61

Atividade 7 - Evento de mouse 61
    Operadores 66
    Instruções condicionais 69
    Estruturas de repetição 71

Atividade 8 - Condicional 73
    Evento de teclado 75

Atividade 9 - Evento de teclado 76
    Operador de string 80

Atividade 10 - Matemática 80

Parte III – Aplicações

Capítulo 1 - Controle e Navegação 89
    Ação 1.1– Parar um filme na linha do tempo 89
    Ação 2.1 – Parar um clipe de filme 90
    Ação 3.1– Controlar um filme com botões (próximo & anterior) 92
    Ação 4.1– Navegar entre os quadros da linha do tempo 94
    Ação 5.1 – Navegar entre os quadros da linha do tempo através de botões com condicional switch 98
    Ação 6.1 – Navegar na web 103
    Ação 7.1– Exibição em tela cheia no navegador 105

Capítulo 2 – Mouse e Teclado 110

Ação 1.2 – Arrastar um objeto 110
Ação 2.2 – Arrastar um objeto dentro de uma área definida 112
Ação 3.2 – Personalizar o mouse 115
Ação 4.2 – Controlar um objeto pelo teclado 117
Ação 5.2 – Controlar um objeto pelo teclado até a sua colisão 121
Ação 6.2 – Arrastar um objeto até sua colisão e desaparecimento 123

Capítulo 3 – Conteúdo Externo 127
Ação 1.3 – Carregar uma imagem externa (JPEG, GIF ou PNG) por uma ação de botão 128
Ação 2.3 – Carregar um filme SWF externo 130
Ação 3.3 – Carregar e descarregar uma imagem externa 132
Ação 4.3 – Controlar visualmente o carregamento de um arquivo com barra de progresso 135
Ação 5.3 – Controlar visualmente o carregamento de um arquivo com barra de progresso e com valores numéricos 143

Capítulo 4 – Áudio 149
Ação 1.4 – Carregar um arquivo de áudio 150
Ação 2.4 – Carregar e controlar (play /pause & stop) um arquivo de áudio ... 151
Ação 3.4 – Carregar e controlar (play / pause & stop com volume) um arquivo de áudio 156
Ação 4.4 – Microfone 162

Capítulo 5 – Vídeo 167
Ação 1.5 – Carregar um vídeo 168
Ação 2.5 – Carregar e controlar um vídeo com o componente FLVPlayback .. 171
Ação 3.5 – Exibir vídeo da câmera do usuário 175

Capítulo 6 – Texto 180
Ação 1.6 – Carregar um texto (formato TXT) externo 180
Ação 2.6 – Carregar um texto (formato TXT com formatação HTML) externo .. 183
Ação 3.6 – Carregar um arquivo XML externo 186

Capítulo 7 – Gráficos 190
Ação 1.7 – Desenhar um retângulo 190
Ação 2.7 – Desenhar um retângulo com cantos arredondados e transparência 50% 193
Ação 3.7 – Desenhar um círculo 195
Ação 4.7 – Desenhar e remover um retângulo através de um botão 198

Ação 5.7 – Colorir um clipe de filme 201
Ação 6.7 – Colorir um clipe de filme com o componente ColorPicker 206

Capítulo 8 – Animação 211
Ação 1.8 – Animação simples 211
Ação 2.8 – Animação simples (rotação) 213
Ação 3.8 – Animação simples com interrupção 214
Ação 4.8 – Animação com a classe Tween 216
Ação 5.8 – Animação (rotação) com a classe TransitionManager 220
Ação 6.8 – Animação (zoom) com a classe TransitionManager acionada pelo mouse 222

Parte IV – Workflow & Produtividade
Como escolher o formato adequado 227
Como usar modelos (templates) 228
Projetos 229
Metadados 231
Copiar animação com ActionScript 3.0 233
Carregador para site (Preloader) 235
Fragmentos de código 237
ActionScript externo 240
Publicação e otimização 243
ActionScript 3.0 & dispositivos 244

Referências Adobe 253

Parte I

Introdução

```
stage.addEventListener(KeyboardEvent.KEY_DOWN, mover);
function mover(event:KeyboardEvent):void
{
    switch (event.keyCode)
    {
        case Keyboard.UP:
        {
            quadrado.y -= 5;
            break;
        }
        case Keyboard.DOWN:
        {
            quadrado.y += 5;
            break;
        }
        case Keyboard.LEFT:
        {
            quadrado.x -= 5;
            break;
        }
        case Keyboard.RIGHT:
        {
            quadrado.x += 5;
            break;
        }
    }
}
```

Aprendendo uma nova linguagem...

ActionScript é uma linguagem e, como um novo idioma ou a linguagem de uma partitura musical, requer tempo e dedicação para ser assimilada e utilizada com fluência.

– Então quer dizer que vou demorar muito para aprender ActionScript?

– Não necessariamente...

Pense em uma criança de sete anos quando fala ou escreve "A bola é azul". Ela não precisa analisar o significado e a função de cada palavra ("bola" substantivo feminino, "azul" adjetivo...) para empregar a frase corretamente e de maneira que faça sentido no contexto desejado. Essa capacidade vem com o tempo, com o aumento do vocabulário e com o domínio das regras gramaticais e sintáticas.

Assim também é com o ActionScript, você pode começar escrevendo, de maneira intuitiva, pequenos trechos de códigos aproveitando os *scripts* prontos disponíveis neste livro ou nos sites de referência sobre o assunto.

Aos poucos você começa a desenvolver controle sobre a linguagem e cada palavra do código passa a ter um significado que representa e reproduz as necessidades do seu projeto: abrir, fechar, tocar, parar, arrastar, aumentar, diminuir. Lembre-se que *script* significa roteiro e você é o diretor!

No Adobe Flash CS5 você encontra um ambiente amigável que facilita a aplicação dos conceitos e das funcionalidades da linguagem ActionScript, dentro de uma interface gráfica que permite inúmeras possibilidades criativas.

O que é ActionScript?

O ActionScript é a linguagem de programação do Adobe Flash Player e do Adobe AIR. Quando você controla ou interage com uma animação construída em flash na web (e, portanto, necessita do Adobe Flash Player para funcionar), isto é possível graças ao ActionScript.

Enquanto o Adobe Flash Player é mais utilizado para receber aplicações web, o Adobe AIR é indicado para aplicações do tipo *desktop*, com execução pelo sistema operacional.

Em ambos, o ActionScript permite interatividade, conteúdo multimídia e acesso a dados.

Saiba mais
Adobe Flash Player: *http://www.adobe.com/br/products/flashplayer/*
Adobe AIR: *http://www.adobe.com/br/products/air/*

ActionScript 3.0

A linguagem ActionScript está atualmente na versão 3.0, também conhecida como AS 3.0, e é baseada nos padrões da ECMA *(European Computer Manufacturers Association)*, uma associação internacional que normatiza sistemas e linguagens computacionais.

Saiba mais
ECMA International: *http://www.ecma-international.org* (em inglês)

Veja no quadro a seguir a evolução da linguagem ActionScript:

2000	ActionScript 1.0	Lançado com a versão 5 do Flash, evoluiu das *Actions* do Flash 4.
2003	ActionScript 2.0	Surgiu com o lançamento do Flash MX 2004 e do Flash Player 7.
2006	ActionScript 3.0	Lançada em conjunto com o Adobe Flex 2.0 e o Adobe Flash Player 9.

Como funciona o ActionScript?

Após ser compilado (organizado e traduzido para uma linguagem mais simples) por um compilador, como o que existe no Adobe Flash CS5 ou no Adobe Flash Builder 4, o código da linguagem é embutido em um arquivo SWF para ser executado pela AVM (ActionScript Virtual Machine), que é um componente do Adobe Flash Player e do Adobe AIR.

Escrever e editar o código	Adobe Flash	Adobe Flash Builder
Executar o código	Adobe Flash Player	Adobe AIR

Você também pode escrever e editar o ActionScript em outros editores de código com suporte a ActionScript, como estes abaixo que são indicados pela própria Adobe:

- Adobe Dreamweaver CS5 - http://www.adobe.com/br/products/dreamweaver
- ASDT - http://sourceforge.net/projects/aseclipseplugin
- FDT - http://fdt.powerflasher.com
- FlashDevelop - http://www.flashdevelop.org
- PrimalScript - http://www.primalscript.com
- SE|PY - http://www.sephiroth.it/python/sepy.php

A plataforma Flash

A Plataforma Flash é um grupo de tecnologias e softwares integrados com serviços da Adobe que possibilita a criação, o desenvolvimento e a distribuição de conteúdo, aplicativos e vídeos para múltiplas plataformas e públicos e que tem como origem central o Adobe Flash.

Ferramentas	Estrutura	Servidores	Serviços	Clientes
Adobe Flash CS5 Professional		LiveCycle		Adobe Flash Player
Adobe Flash Catalyst CS5	Flex		Plataforma Flash Serviços	
Adobe Flash Builder 4		Família Adobe Flash Media Server		Adobe AIR

Saiba mais Plataforma Flash: *http://www.adobe.com/br/flashplatform*

ActionScript e Adobe Flash CS5

Software referência do mercado em seu segmento, o Adobe Flash CS5 não é apenas uma ferramenta de animação, mas também um poderoso ambiente de programação e desenvolvimento de soluções para web.

O Adobe Flash CS5 trabalha com metáforas do mundo real, apropriando-se de elementos do design gráfico, da fotografia e da arte da animação integrando-os em um ambiente de programação e autoração.

A Interface intuitiva do software, comum a toda família de produtos Adobe, possibilita uma curva suave de aprendizado.

O Adobe Flash CS5 é a escolha indicada para trabalhar com ActionScript, quando você necessita de um ambiente de programação integrado com ferramentas de criação gráfica, animação e vídeo.

Além disso, o Adobe Flash CS5 oferece vários componentes de interface e modelos prontos.

Saiba mais: Novidades da versão CS5 do Adobe Flash: *http://tiny.cc/as3_cs5*

Visão geral da interface do Adobe Flash CS5

Tela de abertura

A tela de abertura ou tela inicial do programa oferece inúmeras opções agrupadas em cinco grandes seções na sua parte superior:

1. Criar a partir de modelo

Você pode iniciar projetos pré-configurados como: animações, apresentações, arquivos de amostra, banners, publicidade e reprodução de mídia. Ao escolher por qualquer um deles, uma tela de visualização se abre, exibindo um resumo das funcionalidades da opção escolhida.

2. Criar novo

Aqui estão as opções para iniciar um projeto em branco, dentre os formatos de documentos oferecidos pelo Adobe CS5.

Observação: Neste livro, trabalharemos apenas com a opção ActionScript 3.0.

8 ActionScript 3.0

3. Aprender

Links para artigos e vídeos de treinamento. Não deixe de conhecer a Adobe TV (http://tv.adobe.com).

4. Abrir um item recente

Mostra os últimos arquivos abertos pelo programa.

5. Estender

Extensões, scripts, modelos e outros itens que incrementam e expandem a funcionalidade dos aplicativos Adobe.

Na tela de abertura, você encontra ainda mais dois itens na parte inferior:

A. Novidades e sites de apoio para o Adobe Flash CS5.

B. Outros produtos ADOBE

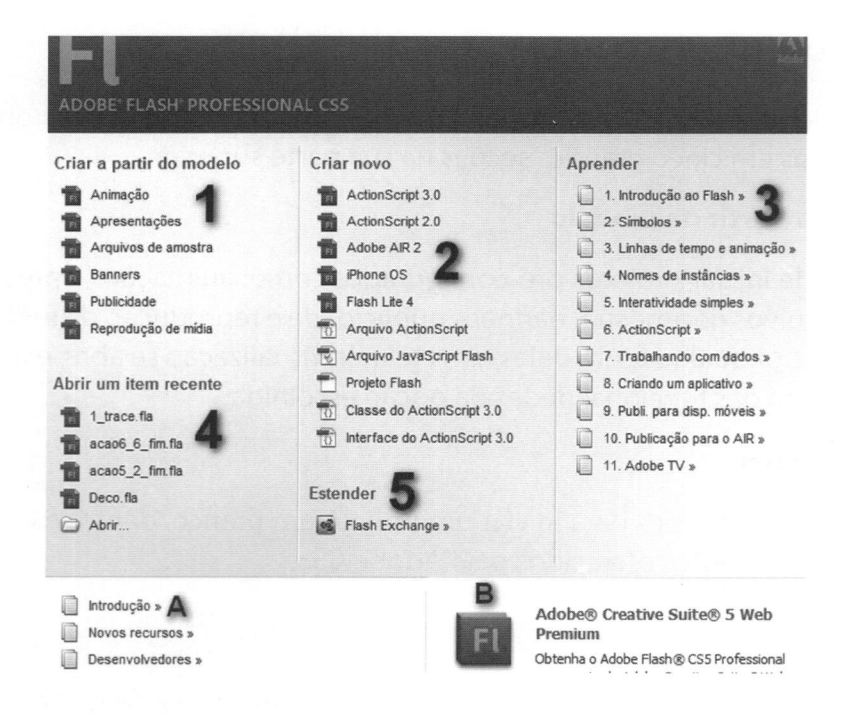

Área de trabalho

Personalização da área de trabalho

A área de trabalho do Adobe Flash CS5 é totalmente customizável e você pode, além de utilizar as opções preexistentes, criar as suas próprias no painel através do menu disponível no canto superior direito da interface do programa, ao lado da caixa de busca identificada com a lupa.

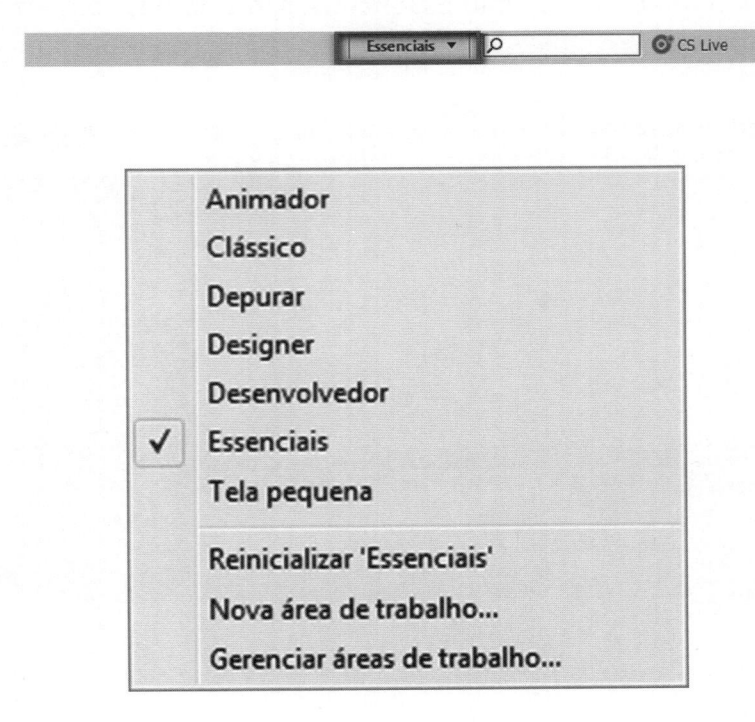

Neste menu você pode:

- Optar pelas configurações existentes: Animador, Clássico, Depurar, Designer, Desenvolvedor, Essenciais e Tela pequena.
- Reiniciar uma opção que foi modificada.
- Salvar uma nova área de trabalho.
- Gerenciar as áreas de trabalho salvas.

10 ActionScript 3.0

Para efeitos didáticos e de padronização, adotaremos sempre, nos exemplos mostrados no livro, a área de trabalho **Essenciais**. Para certificar-se de que ela esteja ativa, basta clicar na opção **Reinicializar "Essenciais"**.

Principais seções da área de trabalho

As principais seções e painéis da área de trabalho do Adobe Flash CS5, quando configurado no padrão **Essenciais,** são exibidas como mostrado na figura abaixo:

1. Palco.
2. Linha do Tempo e Editor de Movimento.
3. Cor, Amostras, Alinhar, Informações, Transformar, Fragmentos de Código, Componentes e Predefinições de Movimento.
4. Propriedades e Biblioteca.
5. Ferramentas.

Perceba que os painéis podem ser agrupados formando abas exibidas lado a lado, e, quando isto acontece, a visualização de cada painel é feita acionando-se a aba correspondente.

> **Observação**
> Não é objetivo deste livro detalhar todos os menus e painéis do Adobe Flash CS5, apenas serão demonstrados os de uso mais comum e aqueles que estão diretamente ligados com a produção e configuração do código. No decorrer do livro, você conhecerá outros menus e painéis e suas respectivas funcionalidades.

Menu Janela

No menu **Janela** estão disponíveis, além de todos os painéis do Adobe Flash CS5, as opções de duplicar a janela atual, as três barras de ferramentas (Principal, Controlador e Barra de Edição) e, em sua extremidade inferior, a indicação de quais documentos estão abertos.

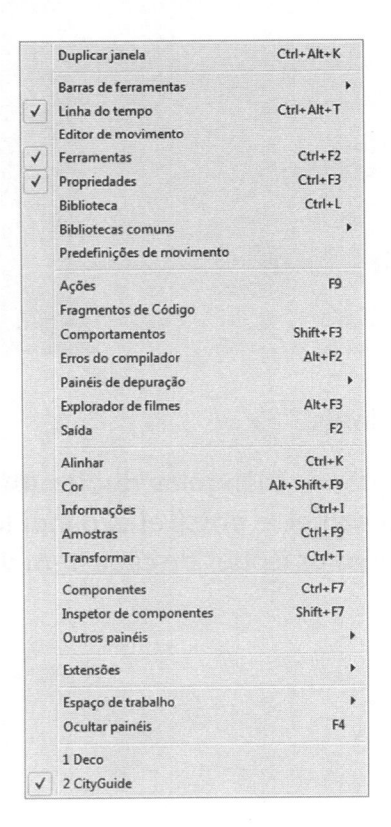

Duplicar janela	Ctrl+Alt+K
Barras de ferramentas	▶
✓ Linha do tempo	Ctrl+Alt+T
Editor de movimento	
✓ Ferramentas	Ctrl+F2
✓ Propriedades	Ctrl+F3
Biblioteca	Ctrl+L
Bibliotecas comuns	▶
Predefinições de movimento	
Ações	F9
Fragmentos de Código	
Comportamentos	Shift+F3
Erros do compilador	Alt+F2
Painéis de depuração	▶
Explorador de filmes	Alt+F3
Saída	F2
Alinhar	Ctrl+K
Cor	Alt+Shift+F9
Informações	Ctrl+I
Amostras	Ctrl+F9
Transformar	Ctrl+T
Componentes	Ctrl+F7
Inspetor de componentes	Shift+F7
Outros painéis	▶
Extensões	▶
Espaço de trabalho	▶
Ocultar painéis	F4
1 Deco	
✓ 2 CityGuide	

Manipulação de Painéis

A visualização e o posicionamento dos painéis na área de trabalho do Adobe Flash CS5 podem ser facilmente alterados através de dois recursos:

Arrastar painéis

Clicando e segurando o mouse sobre o painel desejado, é possível arrastá-lo a uma nova posição.

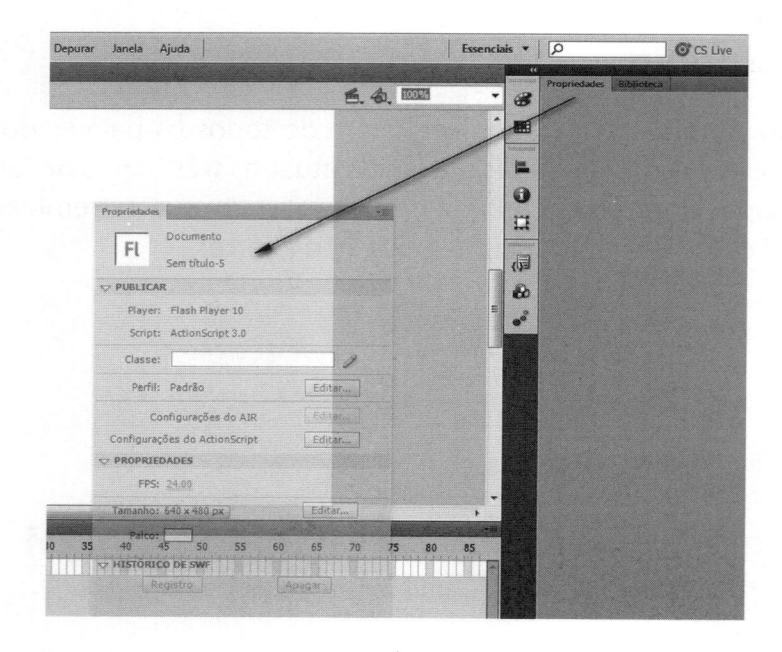

Expandir e reduzir painéis

Clicando sobre os pequenos triângulos duplos (◄◄), situados na extremidade superior de cada painel, é possível expandi-los ou reduzi-los (neste caso, ficam visíveis apenas os ícones de cada item disponível no painel).

A. Painéis **Propriedades** e **Biblioteca** no modo reduzido:

B. Painéis **Propriedades** e **Biblioteca** no modo expandido:

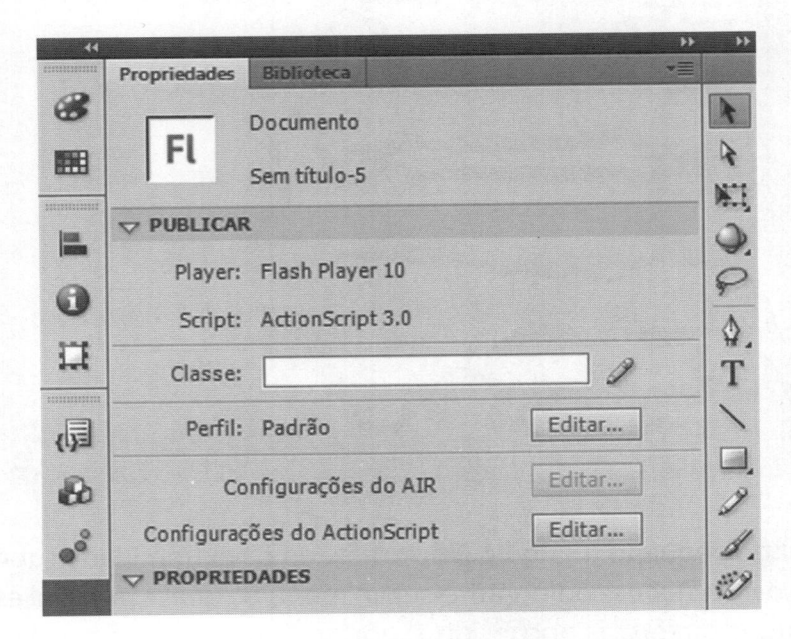

14 ActionScript 3.0

Painel Ações

O painel **Ações** é a área do Adobe Flash na qual é possível inserir, editar e gerenciar a linguagem ActionScript que será incorporada diretamente em um em arquivo **.fla.** Para abri-lo, basta selecionar **Janela > Ações** ou acionar a tecla **F9.**

Ele é estruturado em três áreas principais:

1. Caixa de ferramentas: onde as ações estão agrupadas em **Pacotes** e **Classes.** Na parte superior da caixa é possível escolher também a versão da linguagem a ser utilizada.
2. Navegador.
3. Área de inserção do código (janela Script).

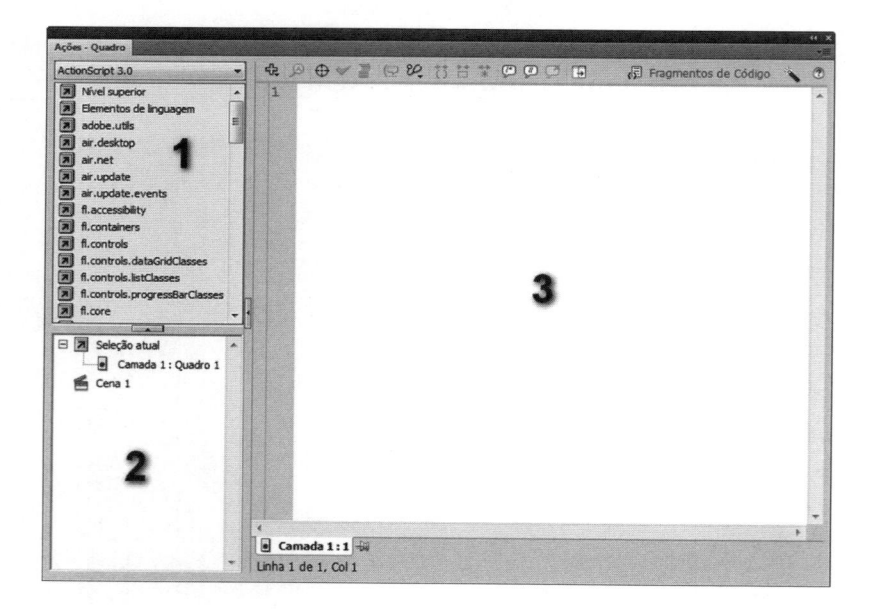

Ao clicar no pequeno triângulo (▤) localizado na extremidade superior direita do painel **Ações** código, abre-se um menu no qual é possível escolher, entre outras tarefas, as opções de exportar o código (na extensão **.as**) ou imprimi-lo (veja figura a seguir).

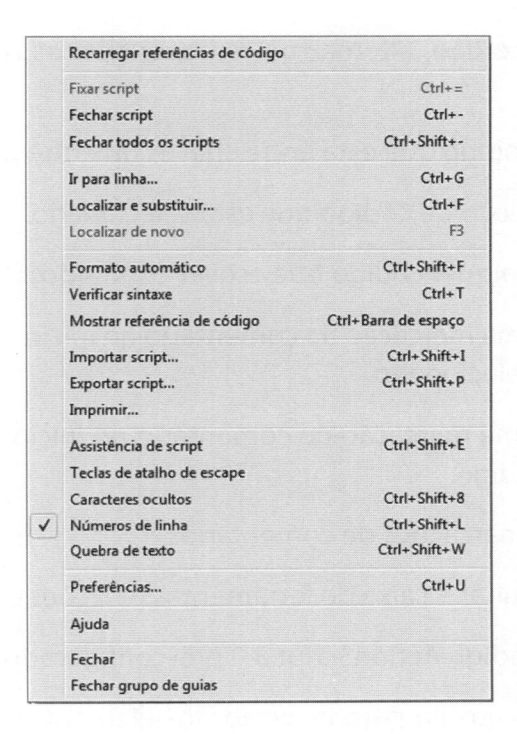

Recarregar referências de código	
Fixar script	Ctrl+=
Fechar script	Ctrl+-
Fechar todos os scripts	Ctrl+Shift+-
Ir para linha...	Ctrl+G
Localizar e substituir...	Ctrl+F
Localizar de novo	F3
Formato automático	Ctrl+Shift+F
Verificar sintaxe	Ctrl+T
Mostrar referência de código	Ctrl+Barra de espaço
Importar script...	Ctrl+Shift+I
Exportar script...	Ctrl+Shift+P
Imprimir...	
Assistência de script	Ctrl+Shift+E
Teclas de atalho de escape	
Caracteres ocultos	Ctrl+Shift+8
✓ Números de linha	Ctrl+Shift+L
Quebra de texto	Ctrl+Shift+W
Preferências...	Ctrl+U
Ajuda	
Fechar	
Fechar grupo de guias	

No topo da área de inserção de código existe uma barra de ferramentas onde, para cada ícone, existe uma função correspondente associada:

1. Adicionar um novo item ao código.

2. Localizar e substituir.

3. Configurar um caminho de destino absoluto ou relativo para uma ação no código.

4. Verificar os erros de sintaxe no código.

5. Formatar e endentar o código automaticamente.

6. Exibir uma referência (dica) de código para a linha selecionada.

7. Depurar o código, alternar ou remover pontos de interrupção no código.

8. Contrair o código que está entre chaves ou entre parênteses.

9. Contrair o bloco de código que está selecionado.

10. Expande qualquer código que estiver contraído.

11. Adicionar uma marcação de comentário no início e no final do bloco de código selecionado.

12. Adicionar uma marcação de comentário no início de uma ou várias linhas de código.

13. Remove as marcações de comentários.

14. Exibir ou ocultar a caixa de ferramentas de ações e o navegador.

15. Adicionar código ActionScript 3.0 pré-configurado (snippets).

16. Interface de auxílio para inserção dos elementos do código (assistente de criação de Scripts).

17. Exibe ajuda contextual para o elemento do código que estiver selecionado.

Preferências

Você pode personalizar a maneira como o código é grafado (cores e tamanhos de fonte, espaçamentos e opções de endentação de texto) e outros parâmetros de configuração do código no painel **Ações,** acionando **Editar > Preferências** e escolhendo o item **ActionScript** na lista de categorias do lado superior esquerdo.

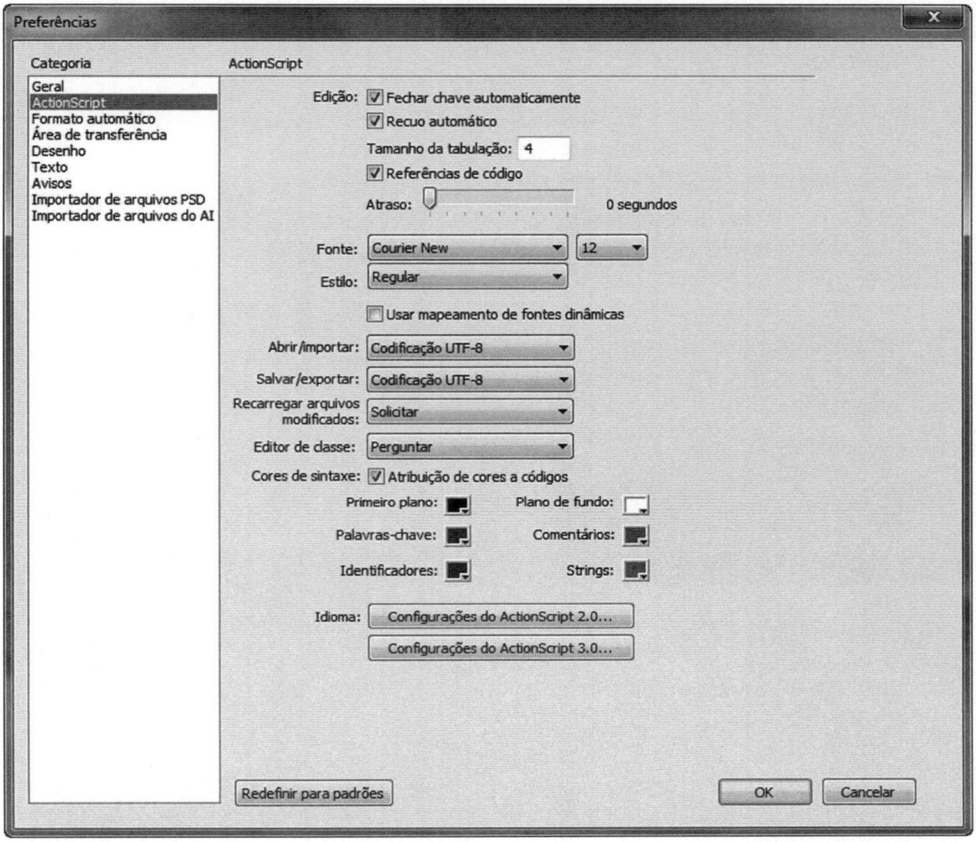
Preferências
Categoria
ActionScript
Geral
ActionScript
Formato automático
Área de transferência
Desenho
Texto
Avisos
Importador de arquivos PSD
Importador de arquivos do AI
Edição:
Fechar chave automaticamente
Recuo automático
Tamanho da tabulação: 4
Referências de código
Atraso:
0 segundos
Fonte:
Courier New
12
Estilo:
Regular
Usar mapeamento de fontes dinâmicas
Abrir/importar:
Codificação UTF-8
Salvar/exportar:
Codificação UTF-8
Recarregar arquivos modificados:
Solicitar
Editor de classe:
Perguntar
Cores de sintaxe:
Atribuição de cores a códigos
Primeiro plano:
Plano de fundo:
Palavras-chave:
Comentários:
Identificadores:
Strings:
Idioma:
Configurações do ActionScript 2.0...
Configurações do ActionScript 3.0...
Redefinir para padrões
OK
Cancelar

Parte II

Fundamentos

Lógica de programação

A lógica de programação trata da construção de estruturas nas quais você pode fornecer instruções e condições para que um programa de computador as execute.

Ela controla o fluxo de execução do código, estabelece a sequência na qual as instruções são executadas, faz escolhas determinadas por condições e interrompe ou repete uma ação para satisfazer a uma determinada situação.

Nesta primeira parte do livro você aprenderá a utilizar, de maneira prática dentro das atividades sugeridas, os fundamentos da lógica de programação mesclados com a aplicação da linguagem ActionScript 3.0 dentro do Adobe Flash CS5.

A sintaxe do ActionScript

Falando de uma maneira bem simples e resumida, sintaxe é a maneira como os elementos de uma linguagem (de computador ou não) é organizada: a ordem dos elementos, a pontuação e as regras para que ela seja totalmente compreendida.

Não é necessário que você se aprofunde nestes conceitos agora, uma leitura inicial para se familiarizar com os principais elementos da sintaxe é suficiente.

A seguir, alguns dos elementos importantes da sintaxe do ActionScript 3.0:

A. **Caracteres especiais** - ao nomear os elementos, funções e objetos do código, você não pode utilizar espaçamento entre as palavras, caracteres especiais e acentuação.

22 ActionScript 3.0

B. **Maiúsculas e minúsculas** - é necessário ficar atento porque existe diferenciação no emprego de maiúsculas e minúsculas ao escrever o código.

C. **Ponto-e-vírgula** - é utilizado para finalizar uma instrução do código, indicando o término de uma etapa.

D. **Parênteses, colchetes e chaves** - possuem várias funções, como ordenar operações e abrigar parâmetros.

E. **Ponto** – permite acessar as propriedades ou os métodos de um objeto.

F. **Aspas** – normalmente indicam uma `string` ou o nome de um arquivo.

```
1   var externo:URLRequest = new URLRequest("texto_com_css.txt");
2   var carregador:URLLoader = new URLLoader();
3   carregador.load(externo);
4
5   var css_externo:URLRequest = new URLRequest("estilo.css");
6   var css_carregador:URLLoader = new URLLoader();
7   css_carregador.load(css_externo);
8
9
10  botao_carregar.addEventListener(MouseEvent.CLICK, carregar);
11
12  function carregar(evento:MouseEvent):void
13  {
14
15  var estilo:StyleSheet = new StyleSheet();
16  estilo.parseCSS(css_carregador.data);
17  campo_texto.styleSheet = estilo;
18
19  campo_texto.htmlText= carregador.data;
20
21  }
22
23
24
```

Saiba mais

Sintaxe: *http://tiny.cc/as3_sintaxe*

Fundamentos 23

Texto de apoio: Restaurante Prato Certo

Observação — Este é um texto fictício cuja função é servir de apoio e contexto para algumas das atividades que você desenvolverá neste livro.

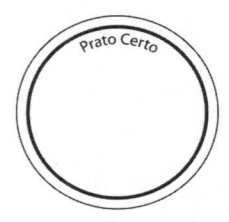

Prato Certo

Antes da supremacia dos restaurantes por quilo e das redes de *fast food*, os pequenos restaurantes e botecos marcavam com giz, em uma pequena lousa, o prato do dia a ser servido.

No Prato Certo ainda é assim...

Na hora do almoço, o cardápio caprichado segue a tradição paulistana:

– Segunda - Virado à Paulista
– Terça - Dobradinha
– Quarta - Feijoada
– Quinta - Massa
– Sexta - Peixe
– Sábado - Feijoada

Para beliscar é possível escolher entre o bolinho de bacalhau e a coxinha empanada.

Mesas, pratos e copos sempre brilhando...

No Prato Certo ainda é assim...

Função Trace

`Trace` é uma função global do ActionScript que permite exibir uma mensagem ou informação de código. Serve também para verificar e / ou validar a funcionalidade do código, no painel **Saída** do Adobe Flash CS5.

O painel **Saída** pode ser aberto escolhendo **Janela > Saída** ou acionando a tecla de atalho **F2**.

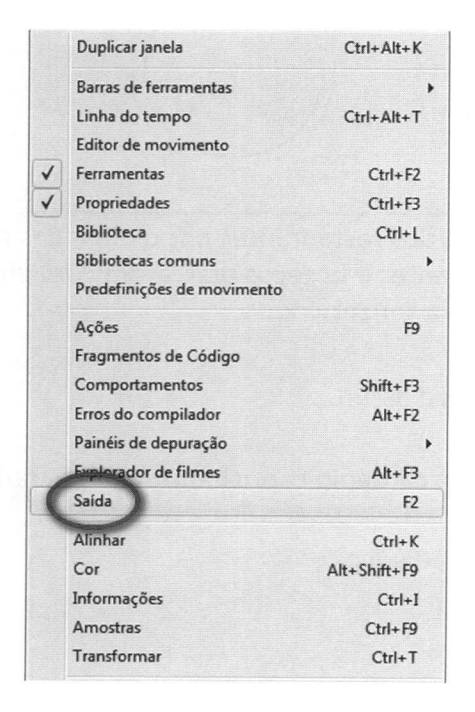

	Duplicar janela	Ctrl+Alt+K
	Barras de ferramentas	▶
	Linha do tempo	Ctrl+Alt+T
	Editor de movimento	
✓	Ferramentas	Ctrl+F2
✓	Propriedades	Ctrl+F3
	Biblioteca	Ctrl+L
	Bibliotecas comuns	▶
	Predefinições de movimento	
	Ações	F9
	Fragmentos de Código	
	Comportamentos	Shift+F3
	Erros do compilador	Alt+F2
	Painéis de depuração	▶
	Explorador de filmes	Alt+F3
	Saída	F2
	Alinhar	Ctrl+K
	Cor	Alt+Shift+F9
	Informações	Ctrl+I
	Amostras	Ctrl+F9
	Transformar	Ctrl+T

Observação: Quando a área de trabalho do Adobe Flash CS5 está configurada no modo Essenciais, ao habilitar o painel Saída, este se encaixa junto com os painéis Linha do Tempo e Editor de Movimento na parte inferior da interface do programa.

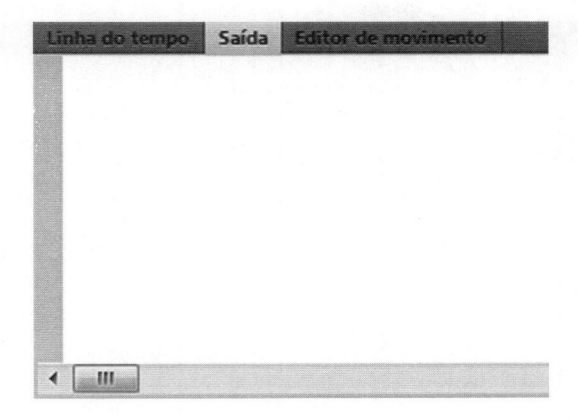

Comentários

São textos e anotações que você pode inserir no código. Eles não interferem no funcionamento do código e ajudam no seu entendimento e na sua manutenção. Use da seguinte forma:

`/*comentário */`

para marcar um comentário em forma de bloco de texto.

`//comentário`

para marcar um comentário em uma única linha.

26 ActionScript 3.0

```
// este é um comentário em linha

/* este é um

comentário

em bloco */
```

Na barra de ferramentas do painel **Ações,** estes são os três ícones que (nesta ordem) aplicam comentários em bloco, aplicam comentários em linha e removem comentários.

Atividade 1 - Função Trace

Palavras-chave: Área de trabalho, Painel Ações, Camadas, Painel Saída, trace.

1. Abra um arquivo novo escolhendo a opção **Arquivo> Novo** ou pelo atalho **Ctrl+N.**
2. Escolha a opção ActionScript 3.0 na aba Geral e aperte **OK.**

Fundamentos 27

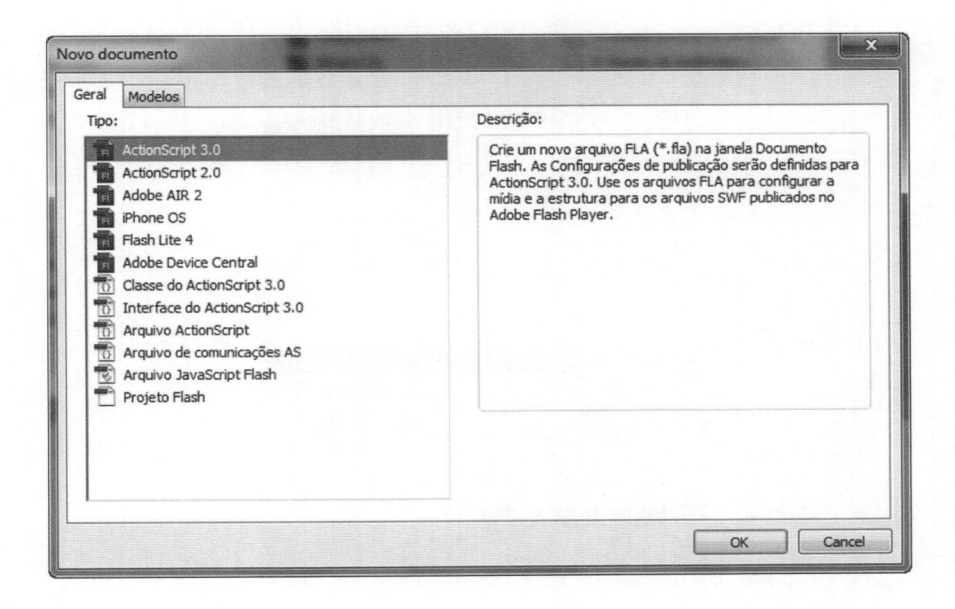

3. Certifique-se de que a área de trabalho esteja configurada na opção **Essenciais**, se necessário veja: **Personalização da área de trabalho** na **Parte1 - Introdução** do livro).

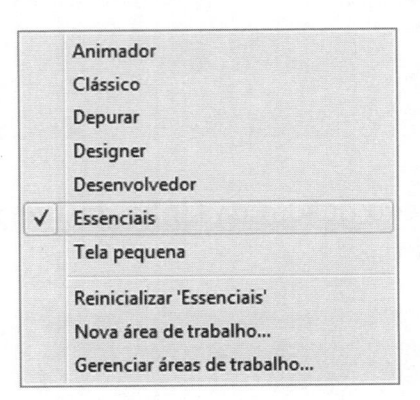

4. Clique duas vezes na camada que se encontra na **Linha do Tempo** (normalmente **Camada 1**) para editar seu nome e altere para **ações.**

28   ActionScript 3.0

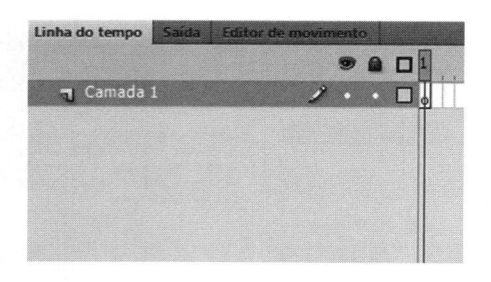

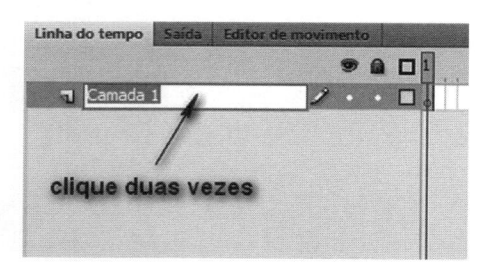

5. Clique no primeiro quadro da **Linha do Tempo** na camada **ações** para selecioná-lo.

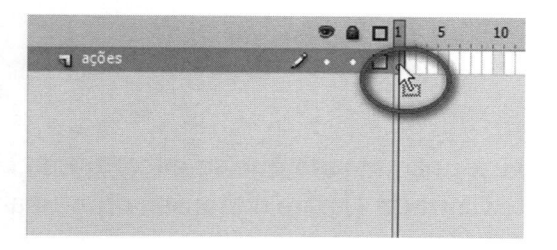

6. Acione a tecla **F9** ou escolha **Janela > Ações** para abrir o painel **Ações.**

Fundamentos 29

7. Caso ela esteja aberta, minimize a seção lateral do painel **Ações** clicando no pequeno triângulo (figura a seguir) que divide as duas janelas verticais do painel. Desta maneira, a janela Script, que é área de inserção de código, fica maximizada, como mostrado na figura seguinte.

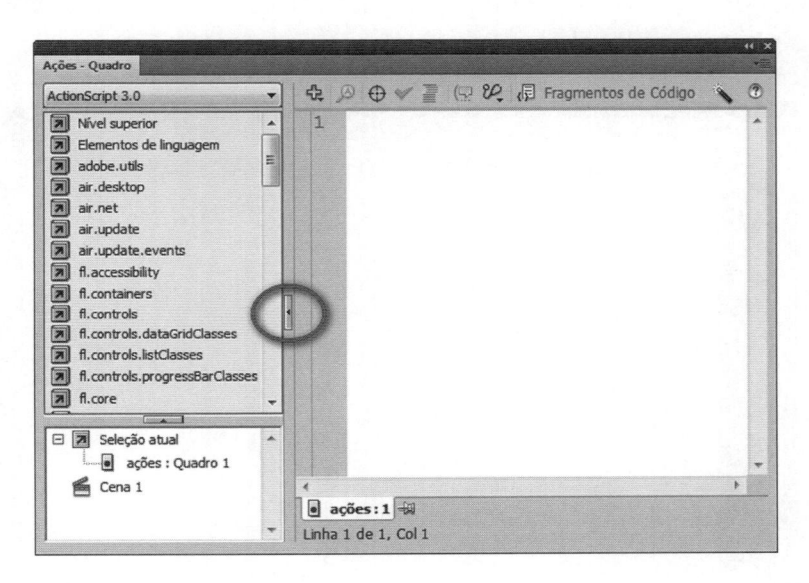

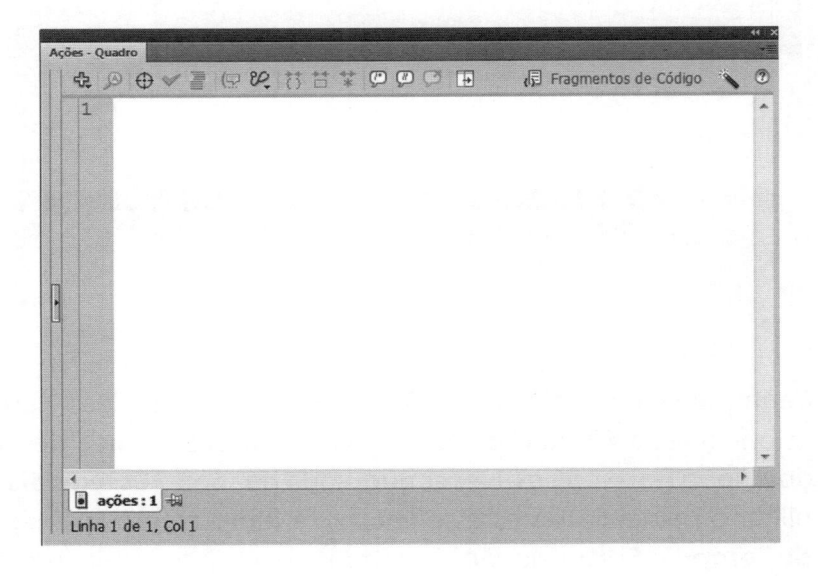

30 ActionScript 3.0

8. Certifique-se de que o assistente de criação de Scripts, que é representado por uma varinha mágica (✎), **não** esteja ativado, para que você possa digitar o código livremente na janela Script.

9. Clique dentro da janela Script e perceba que a barra lateral muda de cor e que o cursor do mouse fica ativo, indicando que você pode digitar neste local.

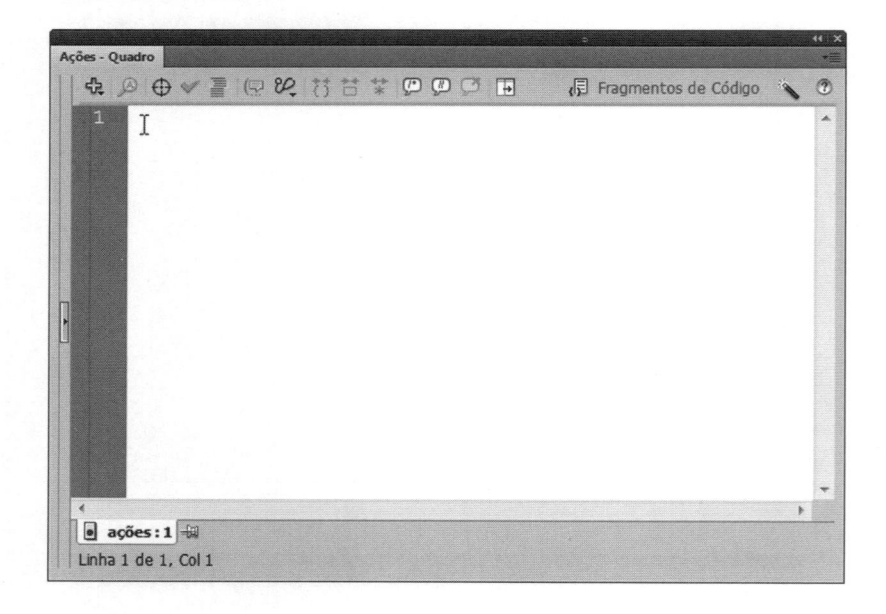

10. Digite `trace("Restaurante Prato Certo");`.

11. Cerifique-se de que o painel **Saída** esteja ativado. Caso não esteja, acione a tecla **F2** ou escolha **Janela > Saída.** Se a área de trabalho do Adobe Flash CS5 estiver configurada no modo **Essenciais**, ao habilitar o painel **Saída** este se encaixará junto com os painéis **Linha do Tempo** e **Editor de Movimento** na parte inferior da interface do

programa, caso contrário ele poderá parecer flutuando na área de trabalho ou encaixado junto com outros painéis, dependendo da configuração que você escolheu. Para efeitos didáticos e de padronização, neste livro trabalharemos sempre com o painel **Saída** encaixado junto com os painéis **Linha do Tempo** e **Editor de Movimento**.

12. Aperte **Ctrl+Enter** ou escolha **Controlar > Testar Filme** para testar o arquivo. A janela de visualização do Flash Player aparecerá em branco, pois você não inseriu nenhum conteúdo no palco, mas perceba que o painel **Saída** mostrará o texto que foi digitado entre aspas no código.

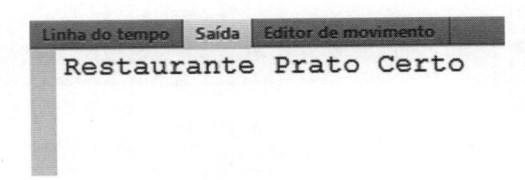

13. Feche a janela de visualização do Flash Player que apareceu vazia clicando no botão correspondente.

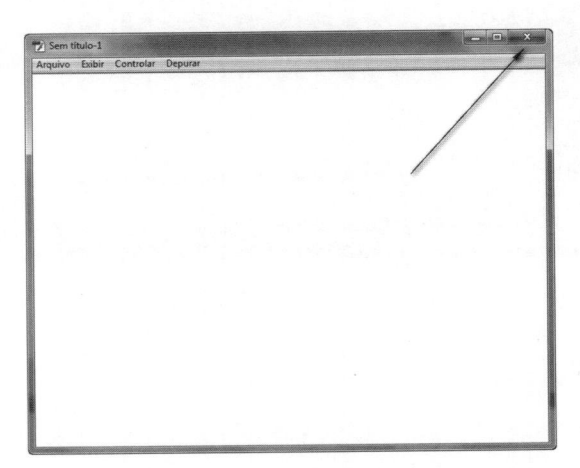

32 ActionScript 3.0

14. Repare que no quadro 1 da Linha de Tempo, onde foi inserido o código, agora existe uma pequena letra **a** manuscrita, indicando a existência de uma ação.

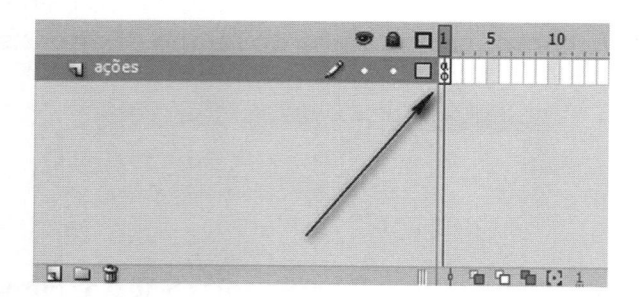

15. Salve o arquivo na sua pasta de trabalho acionando **Ctrl+S** ou escolhendo **Arquivo > Salvar** com o nome **trace**. Perceba que não é necessário preencher com a extensão (**.fla**), pois o próprio programa a indica.

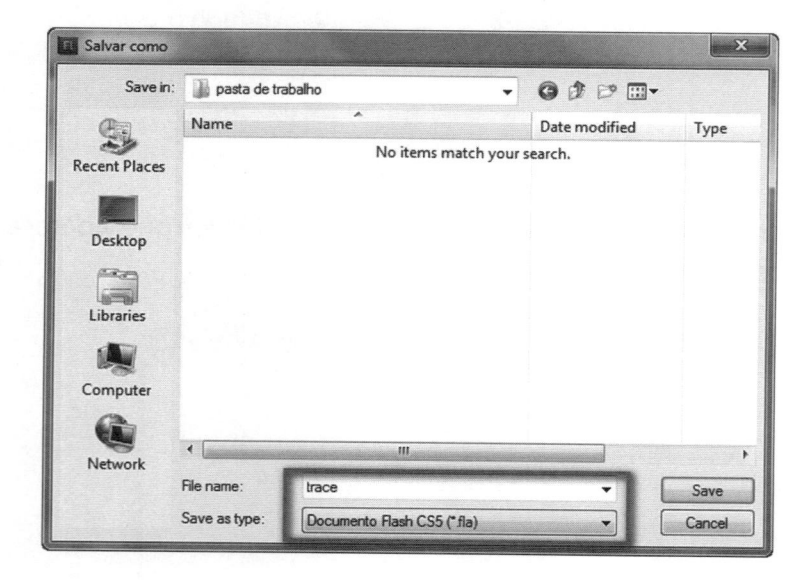

Variáveis

Uma variável, representada pela palavra `var`, é um elemento capaz de armazenar e representar um valor ou expressão que poderá ser reaproveitado pelo código.

No ActionScript 3.0, a construção de uma variável envolve três elementos:

- O seu próprio nome.
- O tipo de dado (informação) que ela pode armazenar.
- O valor deste dado.

Tipos de dados

Os tipos de dados mais comuns de uma variável são:

- `Number` - qualquer valor numérico.
- `int` - números inteiros (não decimais).
- `uint` - números inteiros e positivos.
- `String` - é uma sequência de caracteres, pode ser um nome ou um fragmento de texto.
- `Boolean` - permite duas opções: `true` (verdadeiro) ou `false` (falso).

> **Observação:** Perceba que `Number`, `String` e `Boolean` são escritos com inicial maiúscula.

Array

Uma `Array` permite armazenar uma sequência ou uma lista de dados que podem ser acessados em sua totalidade ou elemento por elemento.

Dentro de uma `Array`, os itens são separados por vírgulas e delimitados por colchetes.

> **Atividade 2 -** Variáveis

Palavras-chave: var, variáveis, Number, int, uint, String, Boolean, Array.

1. Abra um arquivo novo escolhendo a opção **Arquivo > Novo** ou pelo atalho **Ctrl+N**.

2. Escolha a opção ActionScript3.0 aba **Geral** e aperte **OK**.

3. Certifique-se de que a área de trabalho esteja configurada no modo **Essenciais**.

4. Clique duas vezes na camada que se encontra na **Linha do Tempo** (normalmente **Camada 1**) para editar seu nome e altere para **ações**.

5. Clique no primeiro quadro da **Linha do Tempo** na camada **ações** para selecioná-lo.

6. Acione a tecla **F9** ou escolha **Janela > Ações** para abrir o painel **Ações**.

7. Caso ela esteja aberta, minimize a seção lateral do painel **Ações** clicando no pequeno triângulo que divide as duas janelas verticais do painel. Desta maneira, a janela Script, que é área de inserção de código, fica maximizada como mostrado na **Atividade 1**.

8. Certifique-se de que o assistente de criação de Scripts, que é representado por uma varinha mágica ( ), **não** esteja ativado, para que você possa digitar o código livremente na janela Script.

Fundamentos 35

9. Clique dentro da janela Script e perceba que a barra lateral muda de cor e que o cursor do mouse fica ativo, indicando que você pode digitar neste local.

> **Observação**
>
> Até aqui as etapas foram idênticas às da atividade anterior. Se você teve alguma dúvida, consulte novamente a Atividade 1. Vários destes procedimentos se repetirão nas próximas atividades, por isso é importante que você se familiarize com eles. Certifique-se de que o assistente de criação de Scripts, que é representado por uma varinha mágica, não esteja ativado, para que você possa digitar o código livremente na janela Script.

10. O lema do restaurante Prato Certo é "No Prato Certo ainda é assim!". Crie uma variável **lema**, do tipo `string`, digitando:

```
var lema:String="No Prato Certo ainda é assim!";
```

```
Ações - Quadro
1   var lema:String="No Prato Certo ainda é assim!";
```

> **Observação**
>
> No Adobe Flash CS5, o editor de ActionScript foi melhorado e inclui dicas de código de pacotes e classes que serão necessárias para a otimização do melhor funcionamento do script. Por exemplo, se você digitar `var lema:` uma janela com opções de preenchimento automático de código aparecerá.
>
> Quando você escolher `String`, verá que ele não está associado a nenhum pacote ou classe em especial, é padrão (*default package*). Em outros casos, como você verá em outras atividades, este valor não será padrão e o Adobe Flash CS5 indicará e incluirá esta informação para você no início da janela Script.

36 ActionScript 3.0

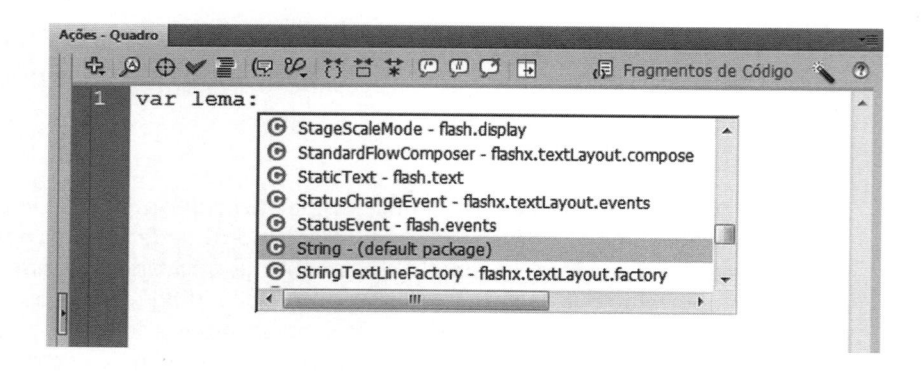

11. A temperatura da geladeira do restaurante Prato Certo é de 2.5 graus negativos. Crie uma variável **temperatura**, do tipo `Number`, digitando:

```
var temperatura:Number= -2.5;
```

> **Observação**
> Aperte a tecla **Enter** para mudar de linha na janela Script do painel **Ações** e use ponto, e não vírgula, para separar a casa decimal no número -2.5.

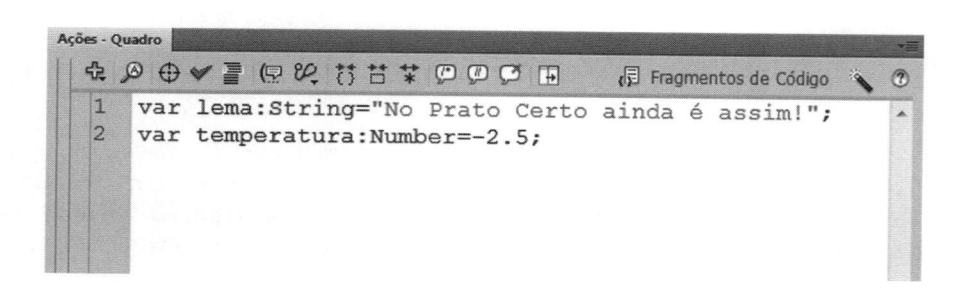

12. São vários os ingredientes de uma feijoada. Crie uma `Array` chamada feijoada para enumerar os principais deles, digitando:

```
var feijoada:Array=["arroz","feijão preto","carne seca","paio","toucinho","couve","farofa"];
```

> **Observação**
> Uma `Array` é delimitada por colchetes e cada um dos seus itens é inserido entre aspas e separado por vírgulas.

```
var lema:String="No Prato Certo ainda é assim!";
var temperatura:Number=-2.5;
var feijoada:Array=["arroz","feijão preto","carne seca","paio","toucinho","couve","farofa"];
```

13. Para exibir os valores destas variáveis no painel **Saída** você utiliza a função `trace`. Digite desta maneira na janela Script do painel **Ações**:

```
trace(lema);
trace(temperatura);
trace(feijoada);
trace(feijoada[3]);
```

14. Aperte **Ctrl+Enter** ou escolha **Controlar > Testar Filme** para testar o arquivo. A janela de visualização do Flash Player aparecerá em branco, pois você não inseriu nenhum conteúdo no palco, mas perceba que o painel **Saída** mostrará o valores das variáveis.

```
No Prato Certo ainda é assim!
-2.5
arroz,feijão preto,carne seca,paio,toucinho,couve,farofa
paio
```

Repare que o último item do painel **Saída** (paio) é o quarto elemento dentro de `trace(feijoada[3]);` pois a numeração começa em 0 (zero).

15. Feche a janela de visualização do Flash Player que apareceu vazia, clicando no botão correspondente.

16. Repare que no quadro 1, onde foi inserido o código, agora existe uma pequena letra **a** manuscrita, indicando a existência de uma ação.

17. Salve o arquivo na sua pasta de trabalho, acionando **Ctrl+S** ou escolhendo **Arquivo > Salvar,** com o nome **variaveis**. Não é necessário preencher com a extensão (**.fla**), pois o próprio programa indica a extensão.

Função

De uma maneira bem resumida, podemos dizer que uma função, indicada no ActionScript 3.0 pelo nome `function`, é um comando, uma instrução.

Quando você cria uma função, para que ela entre em ação, é necessário fazer o que é conhecido nas linguagens de programação como "chamar a função".

A estrutura básica de uma função é:

- **Nome :** nome pelo qual a função será identificada.

- **Parâmetros:** ficam entre parênteses e são parte obrigatória da sintaxe do código.

- **Corpo:** é inserido dentro de chaves e indica o código do ActionScript que será executado quando a função for "chamada".

Variável local

Quando uma variável só pode ser acessada de dentro de uma função, ela é chamada de variável local.

Variável global

Uma variável global pode ser acessada de qualquer lugar do código.

Atividade 3 - Função

Palavras-chave: function, função, chamar a função, variável local, variável global.

1. Abra um arquivo novo escolhendo a opção **Arquivo> Novo** ou pelo atalho **Ctrl+N**.

2. Escolha a opção ActionScript3.0 na aba Geral e aperte **OK**.

3. Clique duas vezes na camada que se encontra na **Linha do Tempo** (normalmente **Camada 1**) para editar seu nome e altere para **ações.**

4. Clique no primeiro quadro da **Linha do Tempo** na camada **ações** para selecioná-lo.

5. Acione a tecla **F9** ou escolha **Janela > Ações** para abrir o painel **Ações.**

6. Clique dentro da janela Script e perceba que a barra lateral muda de cor e que o cursor do mouse fica ativo indicando que você pode digitar neste local.

7. O lema do restaurante é "No Prato Certo ainda é assim!". Crie uma variável **lema**, digitando:

```
var lema:String="No Prato Certo ainda é assim!";
```

8. Crie uma função chamada **preco** digitando:

```
function preco() {

}
```

```
var lema:String="No Prato Certo ainda é assim!";

function preco() {

}
```

Observação — O nome de uma função é escrito sem caracteres especiais e as chaves marcam seu início e fim. Normalmente, quando você digita a primeira chave e aperta a tecla **Enter** para mudar de linha, o Adobe Flash CS5 cria a chave de fechamento.

9. Durante a semana, o preço da refeição no Prato Certo é de R$10,00 e, no fim de semana, R$12,00. Dentro da função (entre as chaves), crie duas varáveis do tipo `Number` para identificar estes preços digitando:

```
var preco_semana:Number=10;
var preco_sabado:Number=12;
```

```
var lema:String="No Prato Certo ainda é assim!";

function preco() {

    var preco_semana:Number=10;
    var preco_sabado:Number=12;
}
```

Note que a variável **lema,** que está fora da função **preco,** é uma variável global, enquanto as variáveis **preco_semana** e **preco_sabado** são variáveis locais.

10. Ainda dentro da função **preco**, acrescente a função `trace` para as duas variáveis :

```
trace(preco_semana);

trace(preco_sabado);
```

```
var lema:String="No Prato Certo ainda é assim!";

function preco() {

    var preco_semana:Number=10;
    var preco_sabado:Number=12;
    trace(preco_semana);
    trace(preco_sabado);
}
```

11. Agora fora das chaves, para "chamar" a função **preco**, digite:

```
preco();
```

```
var lema:String="No Prato Certo ainda é assim!";

function preco() {

    var preco_semana:Number=10;
    var preco_sabado:Number=12;
    trace(preco_semana);
    trace(preco_sabado);
}

preco();
```

E, para exibir a variável global **lema**, digite:

```
trace(lema);
```

```
1   var lema:String="No Prato Certo ainda é assim!";
2
3   function preco() {
4
5       var preco_semana:Number=10;
6       var preco_sabado:Number=12;
7       trace(preco_semana);
8       trace(preco_sabado);
9   }
10
11  preco();
12  trace(lema);
13
```

13. Aperte **Ctrl+Enter** ou escolha **Controlar > Testar Filme** para testar o arquivo. A janela de visualização do Flash Player aparecerá em branco, pois você não inseriu nenhum conteúdo no palco, mas perceba que o painel **Saída** mostrará os valores das variáveis global e locais.

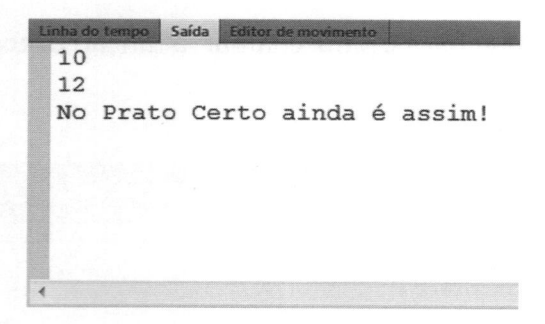

```
10
12
No Prato Certo ainda é assim!
```

14. Feche a janela de visualização do Flash Player que apareceu vazia, clicando no botão correspondente.

15. Salve o arquivo na sua pasta de trabalho com o nome **local_global**, acionando **Ctrl+S** ou escolhendo **Arquivo > Salvar**.

Atividade 4 - Retorno

Palavras-chave : return, retornar o valor de uma função.

Return

A instrução `return` permite retornar, resgatar o valor de uma função.

1. Abra um arquivo novo escolhendo a opção **Arquivo> Novo** ou pelo atalho **Ctrl+N**.

2. Escolha a opção ActionScript 3.0 na aba Geral e aperte **OK**.

3. Clique duas vezes na camada que se encontra na **Linha do Tempo** (normalmente **Camada 1**) para editar seu nome e altere para **ações**.

4. Clique no primeiro quadro da **Linha do Tempo** na camada **ações** para selecioná-lo.

5. Acione a tecla **F9** ou escolha **Janela > Ações** para abrir o painel **Ações**.

6. Clique dentro da janela Script para que o cursor do mouse fique ativo, indicando que você pode digitar neste local.

7. Crie uma função com o nome **conta** digitando:

```
function conta() {

}
```

44 ActionScript 3.0

Como foi visto na atividade anterior, lembre-se de que as chaves marcam o início e o fim de uma função e, normalmente, quando você digita a primeira chave e aperta a tecla **Enter** para mudar de linha, o Adobe Flash CS5 cria a chave de fechamento.

Você pode formatar automaticamente o código (endentação) clicando no ícone correspondente, como mostrado na figura a seguir:

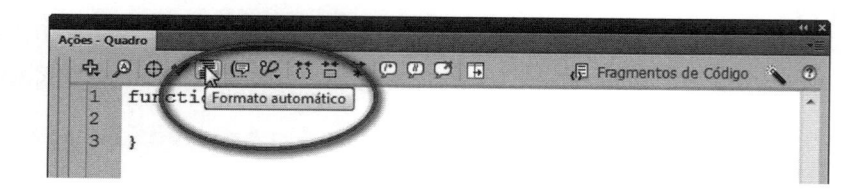

O resultado será este:

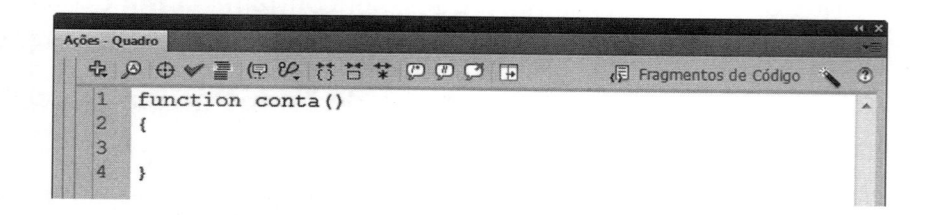

> **Observação**: Independentemente da formatação utilizada, é importante certificar-se de que o conteúdo da função sempre esteja entre as chaves.

8. Durante a semana o preço da refeição no Prato Certo é de R$10,00 e o preço do refrigerante R$2,50. Dentro da função (entre as chaves), crie duas variáveis do tipo `Number` para identificar estes preços digitando:

```
var preco_semana:Number=10;

var preco_refrigerante:Number=2.50;
```

```
function conta()
{

var preco_semana:Number=10;
var preco_refrigerante:Number=2.50;

}
```

9. Calcule o valor da soma dos dois itens (as duas variáveis) através da diretiva `return` digitando:

```
return preco_semana + preco_refrigerante;
```

```
function conta()
{

var preco_semana:Number=10;
var preco_refrigerante:Number=2.50;
return preco_semana + preco_refrigerante;

}
```

10. Para exibir o resultado da operação no painel **Saída** utilize a função `trace` digitando:

```
trace(conta());
```

```
function conta()
{
    var preco_semana:Number = 10;
    var preco_refrigerante:Number = 2.50;
    return preco_semana + preco_refrigerante;
}

trace(conta());
```

> **Observação:** Note que são utilizados dois níveis de parênteses, um para a função **trace** e outro para a função **conta**.

11. Aperte **Ctrl+Enter** ou escolha **Controlar > Testar Filme** para testar o arquivo. A janela de visualização do Flash Player aparecerá em branco, pois você não inseriu nenhum conteúdo no palco, mas perceba que o painel **Saída** mostrará o resultado da soma.

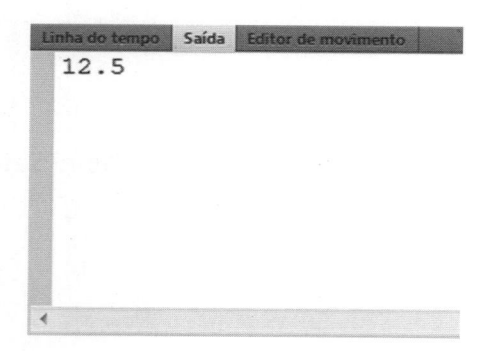

```
12.5
```

12. Feche a janela de visualização do Flash Player que apareceu vazia, clicando no botão correspondente.

13. Salve o arquivo na sua pasta de trabalho com o nome **return** acionando **Ctrl+S** ou escolhendo **Arquivo > Salvar**.

Objetos

Os objetos são como personagens que auxiliam na realização de determinadas ações – por exemplo, os botões criados no Adobe Flash CS5 são objetos. Na programação orientada a objetos, como é o caso do ActionScript 3.0, os objetos podem ser criados a partir de classes (este assunto será detalhado no decorrer do livro).

Os objetos podem ser nomeados para que, através de seu nome, sejam manipulados pelo ActionScript 3.0. Ao nomearmos um objeto atribuímos a ele um nome de ocorrência (em inglês *instance name*). Dentro do ActionScript 3.0 os termos **ocorrência** e **objeto** normalmente possuem o mesmo significado.

Existe uma lista grande de objetos como o `TextField` (campo de texto), o objeto `Sound` (som) e outros com os quais você terá contato nos exemplos e nos projetos abordados nos próximos capítulos.

Classes

Uma classe pode ser definida como uma especificação, modelo ou descrição de um tipo de objeto. Dentro do painel **Ações** as classes ficam agrupadas nos pacotes (em inglês *packages*), que podem ser visualizados na caixa de ferramenta lateral, quando ela está visível.

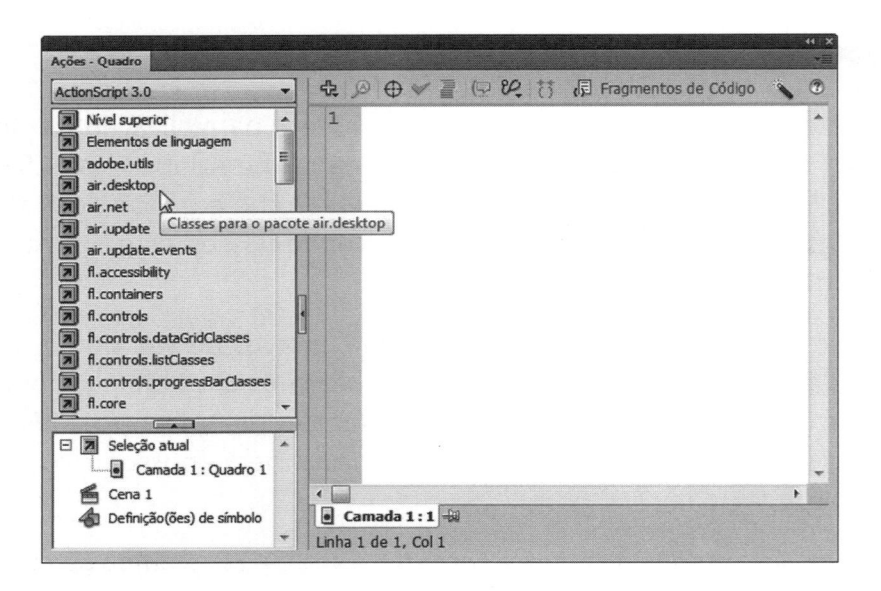

Métodos

Método é uma ação executada por um objeto e cada objeto tem o seu conjunto próprio de ações. Os dois métodos mais famosos do ActionScript3.0 e que não necessitam de maiores explicações são: `stop();` e `play();`

Lista de exibição

Lista de exibição são os objetos exibidos na cena do filme. Estes objetos podem ser criados através das ferramentas de desenho do Adobe Flash CS5 ou através de instruções no código.

O ActionScript 3.0 possui classes para que objetos criados através de programação possam ser exibidos no **Palco** do filme construído com o Adobe Flash CS5.

addChild

O método `addChild` permite adicionar um elemento à lista de exibição e exibi-lo no **Palco.**

Atividade 5 - Exibir um objeto da Biblioteca

Palavras-chave: objeto, classe, método, addChild, exportar para Action-Script, ocorrência, clipe de filme, movie clip.

1. Abra o arquivo **atividade5_biblioteca.fla** que está na pasta Fundamentos > Iniciais.

2. Identifique e selecione no **Palco** um pequeno círculo, indicando a existência de um clipe de filme vazio.

3. Após selecioná-lo, atribua um nome de ocorrência para ele na aba propriedades preenchendo no campo correspondente com **alvo_ copo,** conforme mostrado nas figuras a seguir:

50 ActionScript 3.0

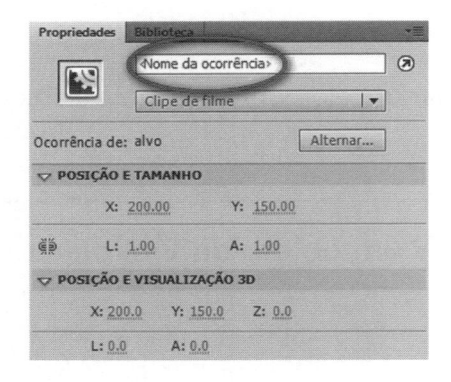

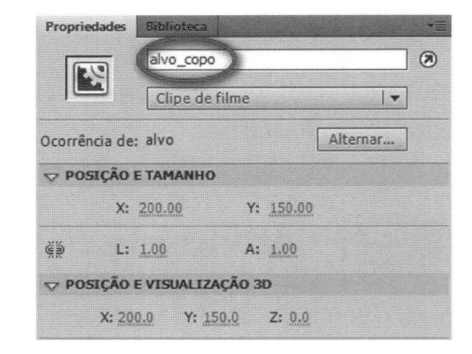

4. Clique na aba **Biblioteca** para visualizá-la e depois, com o botão direito, clique no clipe de filme **copo** e escolha a opção **Propriedades.**

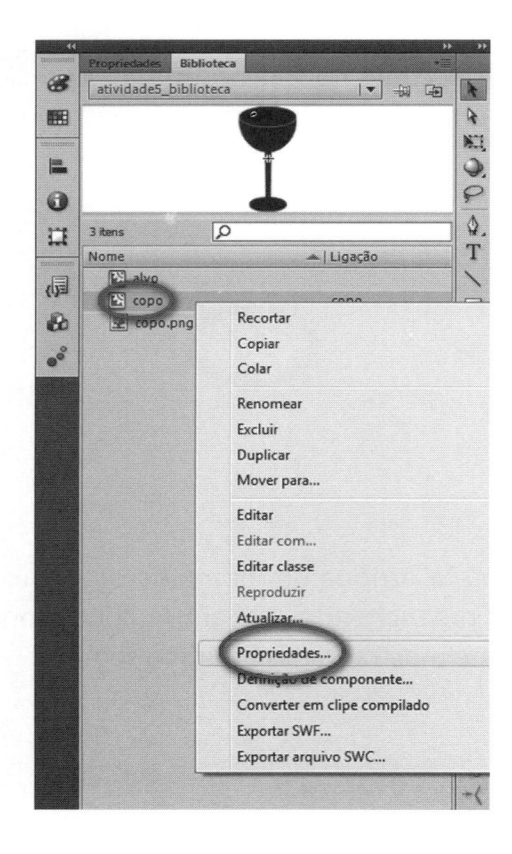

Fundamentos 51

5. Caso a janela propriedades do símbolo encontre-se minimizada, clique na opção avançado para abri-la.

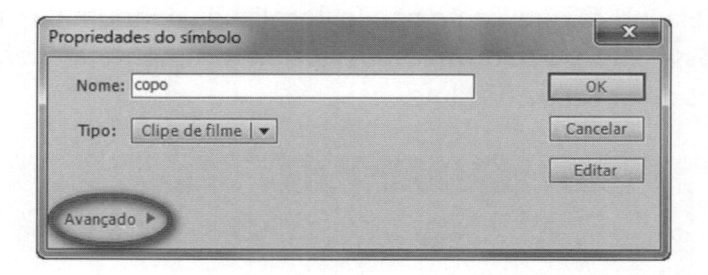

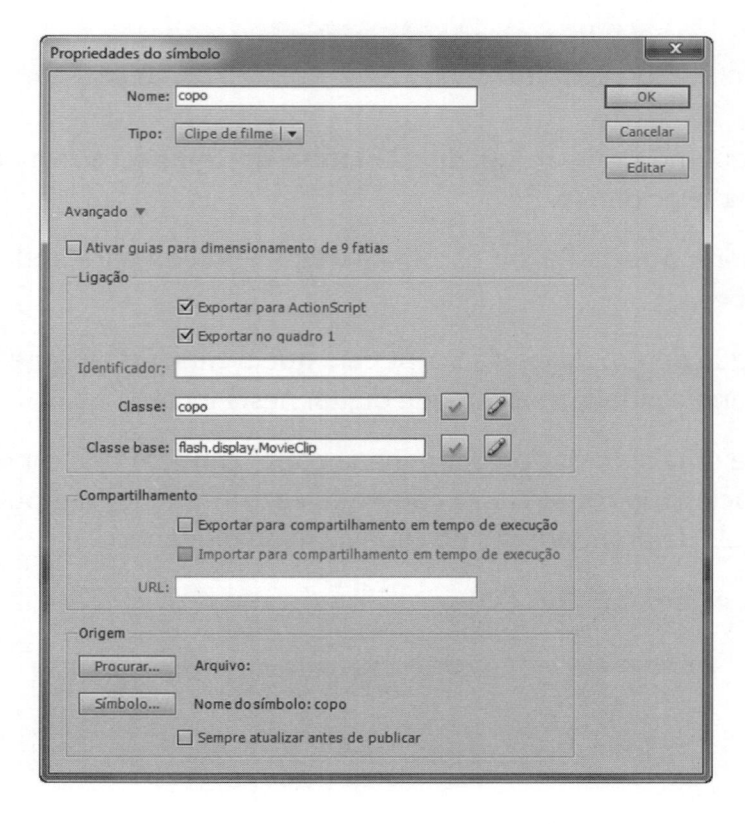

6. Normalmente o nome do clipe de filme já aparece no campo **Classe**. Caso isto não ocorra, basta preenchê-lo como mostrado na figura anterior, com o nome **copo**.

7. Aperte a tecla **OK** no campo superior direito da janela.

8. Se aparecer uma caixa de aviso como esta a seguir, basta apertar **OK**. Ela indica que, como não foi localizada nenhuma definição para a classe **copo**, serão utilizadas automaticamente as definições comuns de um clipe de filme.

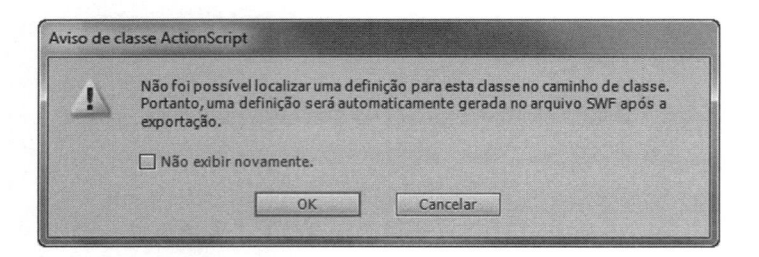

9. Clique no primeiro quadro da **Linha do Tempo** na camada **ações** para selecioná-lo.

10. Acione a tecla **F9** ou escolha **Janela > Ações** para abrir o painel **Ações.**

11. Clique dentro da janela Script para que o cursor do mouse fique ativo, indicando que você pode digitar neste local.

12. Crie uma ocorrência denominada **copo_cena** do tipo clipe de filme relacionado com a classe **copo** que você inseriu no campo classe da janela de propriedades do clipe de filme digitando:

```
var copo_cena:MovieClip = new copo();
```

Apesar da ocorrência já ter sido criada a partir de um símbolo da biblioteca (a palavra new faz esta função), falta permitir a sua exibição no palco.

13. Para adicionar um objeto à lista de visualização, ou seja, mostrá-lo no palco, é preciso utilizar o método `addChild`, relacionando-o com o nome da ocorrência que você criou na primeira linha do código. Digite:

```
alvo_copo.addChild(copo_cena);
```

O clipe de filme **alvo_copo** tem como função sinalizar onde o objeto será exibido.

14. Aperte **Ctrl+Enter** ou escolha **Controlar > Testar Filme** para testar o arquivo. A janela de visualização do Flash Player mostrará o objeto inserido no palco.

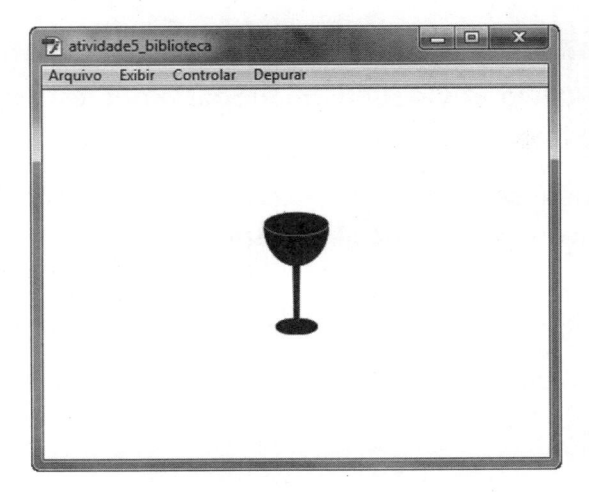

15. Feche a janela de visualização do Flash Player clicando no botão correspondente.

16. Salve o arquivo na sua pasta de trabalho com o nome **biblioteca**, acionando **Ctrl+S** ou escolhendo **Arquivo > Salvar**.

URLRequest

A classe `URLRequest` permite a comunicação com conteúdo e arquivos externos.

Loader e Load

A classe `Loader` permite o carregamento de imagens nos formatos **GIF**, **JPG e PNG** e também de arquivos no formato **SWF**. E o método `load` é que de fato executa esta ação.

> **Atividade 6 -** Exibir uma imagem externa

Palavras-chave: URLRequest, Loader, load.

1. Abra o arquivo **atividade6_imagem.fla** que está na pasta Fundamentos > Iniciais.

2. Identifique e selecione no **Palco** um pequeno círculo, indicando a existência de um clipe de filme vazio.

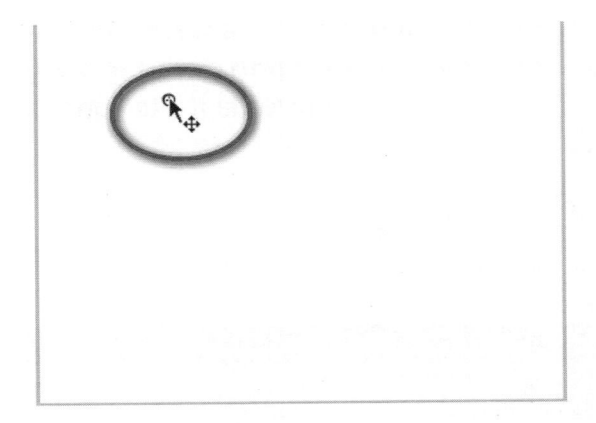

3. Após selecioná-lo, atribua um nome de ocorrência para ele na aba propriedades preenchendo no campo correspondente com **alvo_prato**, conforme mostrado a seguir:

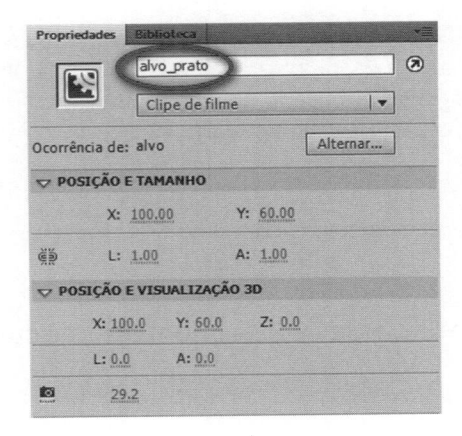

4. Clique no primeiro quadro da **Linha do Tempo** na camada **ações** para selecioná-lo.

5. Acione a tecla **F9** ou escolha **Janela > Ações** para abrir o painel **Ações.**

6. Clique dentro da janela Script para que o cursor do mouse fique ativo, indicando que você pode digitar neste local.

56 ActionScript 3.0

7. Crie um ocorrência com o nome **externo** do tipo `URLRequest` cujo valor será a imagem **prato.png** que está localizada na subpasta imagens, que se encontra dentro da pasta Fundamentos > Iniciais, digitando:

```
var externo:URLRequest=new URLRequest("imagens/prato.png");
```

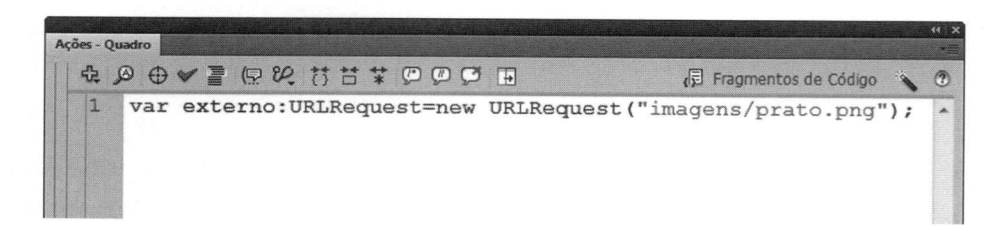

> **Observação**
> Verifique sempre o caminho do arquivo. Neste caso, a imagem está dentro da pasta **imagens.** Você também pode utilizar um arquivo que esteja publicado na web digitando a sua URL completa dentro das aspas, por exemplo: *http://www.meusite.com.br/imagens/prato.png* *
>
> *Este endereço é fictício.*

8. Crie um objeto da classe `Loader` com o nome **carregador** digitando:

```
var carregador:Loader = new Loader();
```

9. O método `load` permite o carregamento do arquivo identificado como **externo** na primeira linha do código, no objeto da classe `Loader` (**carregador**):

```
carregador.load(externo);
```

```
var externo:URLRequest=new URLRequest("imagens/prato.png");

var carregador:Loader = new Loader();

carregador.load(externo);
```

10. Para adicionar um objeto à lista de visualização, ou seja, mostrá-lo no palco, é preciso utilizar o método `addChild` relacionando-o com o nome da ocorrência que você criou no código (ver imagem anterior). Digite:

```
alvo_prato.addChild(carregador);
```

```
var externo:URLRequest=new URLRequest("imagens/prato.png");

var carregador:Loader = new Loader();

carregador.load(externo);

alvo_prato.addChild(carregador);
```

O clipe de filme **alvo_prato** tem como função sinalizar onde o objeto será exibido.

11. Aperte **Ctrl+Enter** ou escolha **Controlar > Testar Filme** para testar o arquivo. A janela de visualização do Flash Player mostrará o objeto inserido no palco:

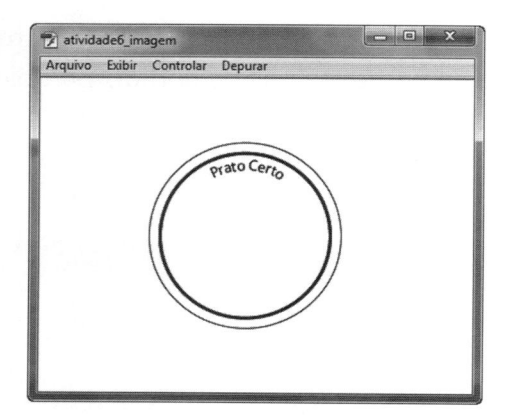

12. Feche a janela de visualização do Flash Player clicando no botão correspondente.

13. Salve o arquivo na sua pasta de trabalho com o nome **imagem** acionando **Ctrl+S** ou escolhendo **Arquivo > Salvar.**

TLF (Text Layout Framework)

Novidade surgida com a versão CS5 do Adobe Flash, o **Text Layout Framework (TLF)** permite vários novos recursos de formatação de texto. Um texto **TLF** permite muito mais controle de formatação que o mecanismo de texto das versões anteriores, que ainda está disponível no programa e é denominado agora de texto clássico e continua funcionando da mesma maneira.

Pontos importantes:

- O **TLF** é agora o formato padrão de texto no Adobe Flah CS5.
- O **TLF** requer Flash Player 10 e linguagem ActionScript 3.0.
- Para incorporar uma fonte ao arquivo **.fla** escolha a opção **Incorporação de fonte** no menu **Texto** ou clique no botão **incorporar** visível no painel **Propriedades,** quando a ferramenta de texto (T) estiver ativa.

- Quando você publica um arquivo **.swf** que usa texto **TLF**, o Adobe Flash CS5 cria um arquivo adicional denominado com a extensão **.swz**.

- Apesar do Flash Player requisitar os servidores da Adobe para baixar uma cópia da biblioteca, é recomendável publicar esse arquivo (**.swz**) no seu servidor Web juntamente com o arquivo SWF.

Eventos

Os eventos indicam quais instruções um determinado aplicativo executa em certo momento e geralmente estão relacionados com a intervenção do usuário ao acionar uma tecla do teclado ou clicar com o mouse em um botão, mas também podem ocorrer sem a intervenção deste, por exemplo, quando um arquivo termina de ser carregado.

Não é uma regra geral, mas uma dica para entender e trabalhar com um evento é verificar se cabe a palavra *quando* na construção do código, por exemplo: *quando* o mouse passa por cima do botão, *quando* uma imagem é carregada, *quando* um som termina.

Eventos de mouse mais comuns

- `MouseEvent.CLICK`: Quando há um clique simples do mouse.

- `MouseEvent.DOUBLE_CLICK`: Quando há um clique duplo do mouse.

- `MouseEvent.MOUSE_OVER`: Quando o mouse fica em cima de um objeto.

- `MouseEvent.MOUSE_OUT`: Quando o mouse sai de cima de um objeto.

- `MouseEvent.MOUSE_DOWN`: Quando o mouse é pressionado.

Ouvintes

Os ouvintes de eventos ou manipuladores de eventos são funções executadas pelo código em resposta a algum evento.

No ActionScript 3.0 a instrução para criar um ouvinte ou manipulador de evento é `addEventListener`.

Veja no gráfico abaixo como ela é utilizada na prática:

> onde acontece → addEventListener → de que tipo → o que acontece

- **Onde acontece:** em qual objeto acontece o evento, pode ser em um botão, por exemplo.
- `addEventListener`: instrução do ActionScript 3.0 para criar um ouvinte.
- **De que tipo:** define o tipo de evento, por exemplo, clicar em um botão.
- **O que acontece:** é a função ativada pelo evento, por exemplo, parar um filme.

Agora veja no gráfico abaixo a estrutura necessária para relacionar um evento a uma função:

> function → o nome da função → o nome do evento → o tipo de evento

- `function`: instrução do ActionScript 3.0 para inserir uma função.
- **O nome da função:** pode ser criado livremente.
- **O nome do evento:** pode ser criado livremente.
- **O tipo de evento:** por exemplo, um evento de mouse.

Void

No decorrer das próximas atividades você poderá encontrar algumas vezes a instrução `void` no final das funções.

Traduzido literalmente do inglês, `void` significa nulo ou vazio e no nosso contexto é usado para informar ao programa que apenas execute o comando determinado sem ter que se preocupar em retornar ou procurar outras informações.

Sua utilização aperfeiçoa a velocidade de processamento do código.

Atividade 7 - Evento de mouse

Palavras-chave: texto, text, TLF, ouvinte, evento, event, addEventListener, botão, MouseEvent, CLICK.

1. Abra o arquivo **atividade7_evento.fla** que está na pasta Fundamentos > Iniciais.

2. Clique no botão **Qual é a massa desta quinta?** localizado no **Palco** e atribua um nome de ocorrência para ele na aba **Propriedades** preenchendo no campo correspondente como **botao,** conforme mostrado a seguir.

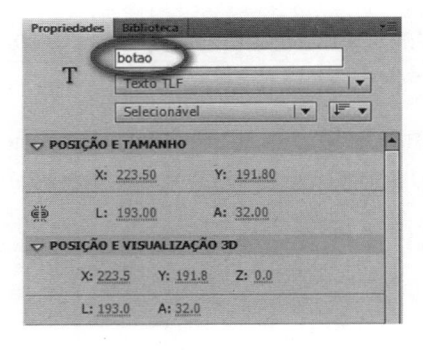

3. Clique no campo de texto **TLF** de formato retangular localizado no **Palco** e atribua um nome de ocorrência para ele na aba **Propriedades** preenchendo o campo correspondente como **campo_adivinha,** conforme mostrado a seguir.

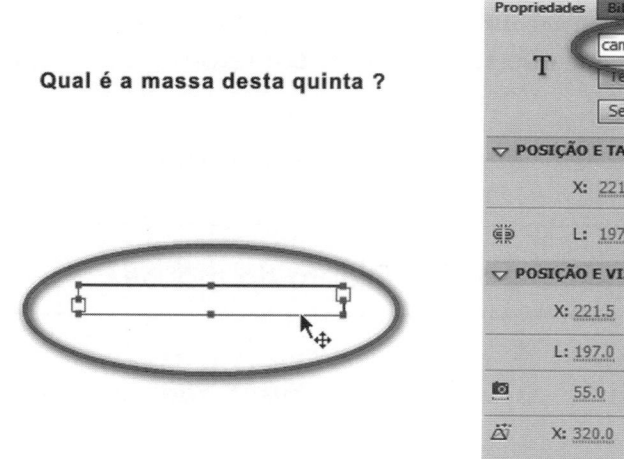

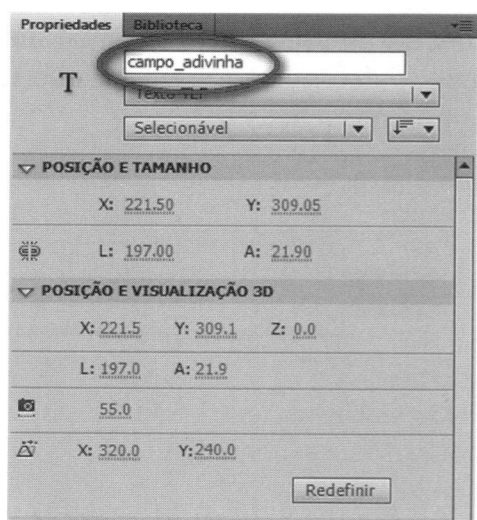

4. Clique no primeiro quadro da **Linha do Tempo** na camada **ações** para selecioná-lo.

5. Acione a tecla **F9** ou escolha **Janela > Ações** para abrir o painel **Ações.**

6. Clique dentro da janela Script para que o cursor do mouse fique ativo, indicando que você pode digitar neste local.

7. Quinta-feira é dia de Massa no Prato Certo. Crie uma variável chamada **quinta,** do tipo `String` com o valor **Hoje é dia de nhoque!**

```
var quinta:String=" Hoje é dia de nhoque ! ";
```

Fundamentos 63

```
var quinta:String=" Hoje é dia de nhoque ! ";
```

8. Adicione um evento de mouse ao botão **botao** para que ele execute a função **adivinha** digitando:

```
botao.addEventListener(MouseEvent.CLICK, adivinha);
```

```
var quinta:String=" Hoje é dia de nhoque ! ";
botao.addEventListener(MouseEvent.CLICK, adivinha);
```

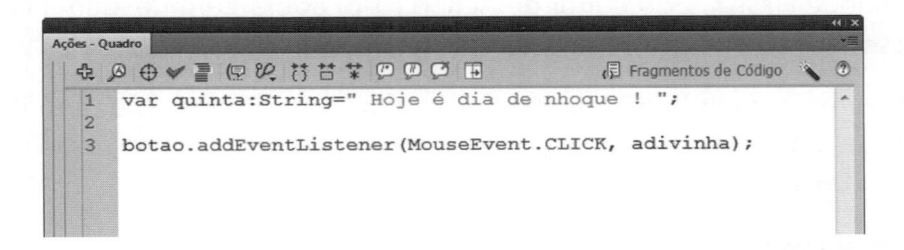

Entenda o código:

- Onde acontece o evento: **botao.**
- Instrução do ActionScript 3.0 para criar um ouvinte: `addEventListener`.
- Que tipo de evento: `MouseEvent.CLICK`.
- O que acontece: **adivinha** é a função ativada pelo evento.

9. A função **adivinha** deve preencher o campo de texto **campo_adivinha** com valor da variável **quinta** quando o botão **botao** for clicado.

```
function adivinha(evento:MouseEvent):void {
campo_adivinha.text=String(quinta);
}
```

64 ActionScript 3.0

```
var quinta:String=" Hoje é dia de nhoque ! ";

botao.addEventListener(MouseEvent.CLICK, adivinha);

function adivinha(evento:MouseEvent):void {
    campo_adivinha.text=String(quinta);
}
```

Perceba o uso da instrução `void` e o conteúdo da função sempre dentro das chaves.

No Adobe Flash CS5, o editor de ActionScript agora permite identificar as classes trabalhadas no código e importá-las para o início do script.

Por exemplo, quando você digitar `function adivinha(evento:Mou...` abre-se uma janela onde você pode completar a sentença, no caso, MouseEvent.

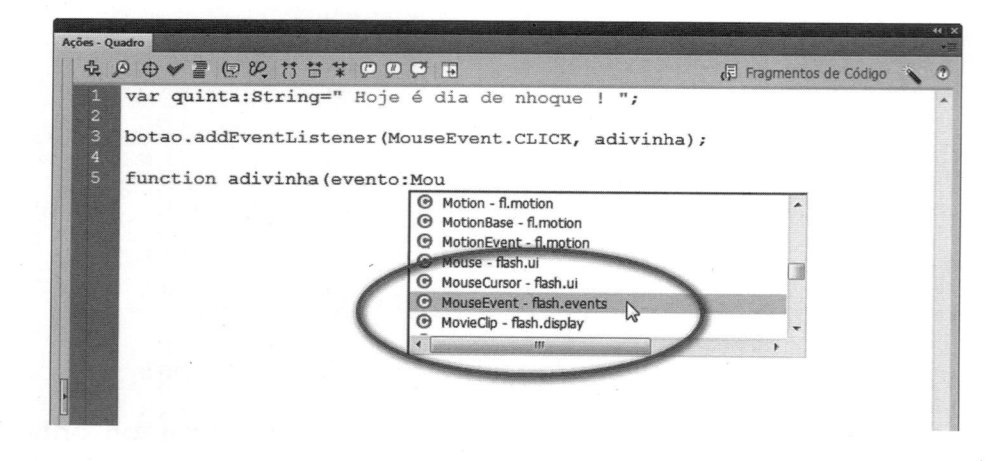

```
var quinta:String=" Hoje é dia de nhoque ! ";
botao.addEventListener(MouseEvent.CLICK, adivinha);
function adivinha(evento:Mou
    Motion - fl.motion
    MotionBase - fl.motion
    MotionEvent - fl.motion
    Mouse - flash.ui
    MouseCursor - flash.ui
    MouseEvent - flash.events
    MovieClip - flash.display
```

Repare que a janela de ajuda já identifica o pacote para esta classe: `flash.events`. Ao clicar sobre este item, automaticamente o Adobe Flash CS5 importa o pacote com a classe correspondente para a primeira linha do script.

```
import flash.events.MouseEvent;
```

Fundamentos 65

```
import flash.events.MouseEvent;

var quinta:String=" Hoje é dia de nhoque ! ";

botao.addEventListener(MouseEvent.CLICK, adivinha);

function adivinha(evento:MouseEvent
```

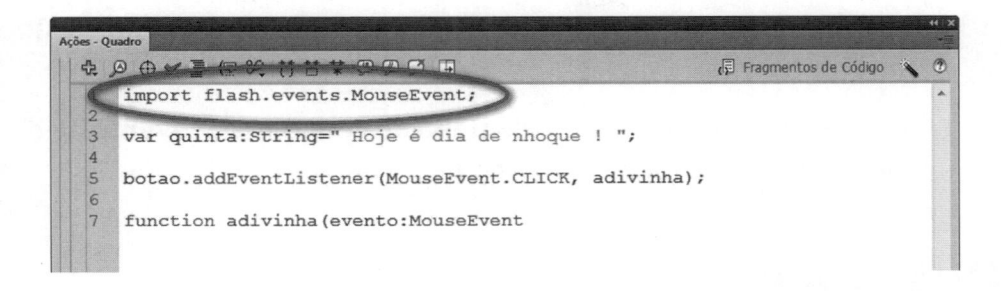

> **Observação**
>
> No Adobe Flash CS5 Flash, quando o código é inserido em um quadro na linha do tempo, as classes embutidas nos pacotes do tipo `flash.*` são importadas automaticamente. Na maioria das atividades e projetos deste livro usaremos por padrão contar com a importação automática das classes.
>
> No caso dos pacotes do tipo `fl.*` será necessário importar as classes e você será avisado.

10. Aperte **Ctrl+Enter** ou escolha **Controlar > Testar Filme** para testar o arquivo e clique no botão **Qual é a massa do dia?**

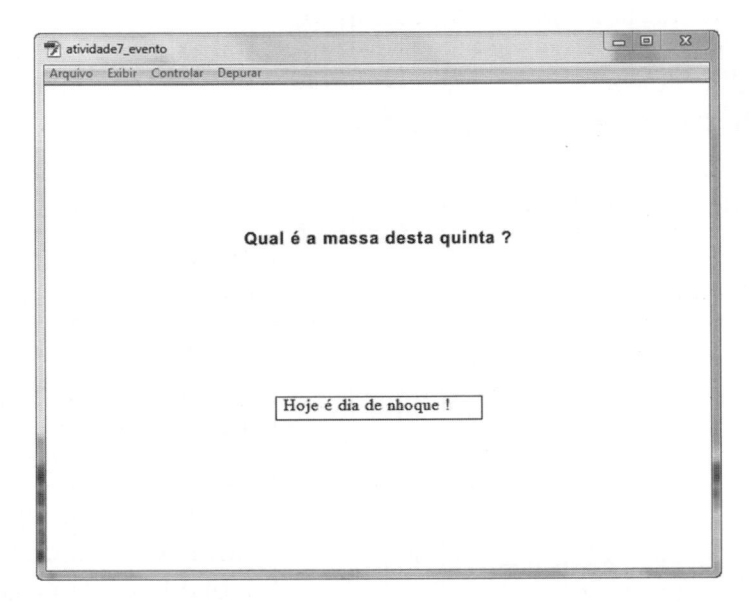

```
atividade7_evento
Arquivo  Exibir  Controlar  Depurar




              Qual é a massa desta quinta ?




                 [ Hoje é dia de nhoque ! ]
```

11. Feche a janela de visualização do Flash Player clicando no botão correspondente.

12. Salve o arquivo na sua pasta de trabalho com o nome **evento** acionando **Ctrl+S** ou escolhendo **Arquivo > Salvar.**

Operadores

Os operadores são símbolos ou caracteres que possibilitam a realização de operações lógicas e matemáticas. São usados para modificar ou comparar valores de variáveis.

Os valores utilizados pelos operadores são chamados de operandos.

Operando	Operador	Operando
2	+	2

Nas tabelas a seguir você encontra os principais operadores utilizados pelo ActionScript 3.0, vários deles serão demonstrados e utilizados oportunamente nas atividades e projetos deste livro.

Operadores de atribuição

Operador	Operação executada	Definição
=	Atribuição	Atribui ao segundo operando o valor do primeiro.
*=	Atribuição de multiplicação	Atribui ao primeiro operando o seu próprio valor multiplicado pelo valor do segundo operando.
/=	Atribuição de divisão	Atribui ao primeiro operando o seu próprio valor dividido pelo valor do segundo operando.

Operador	Operação executada	Definição
+=	Atribuição de adição	Atribui ao primeiro operando o seu próprio valor somado pelo valor do segundo operador.
-=	Atribuição de subtração	Atribui ao primeiro operando o seu próprio valor subtraído pelo valor do segundo operando.

Operadores aritméticos

Operador	Operação executada	Definição
+	Adição	Soma os operandos.
++	Incremento	Soma 1 ao valor da variável.
-	Subtração	Subtrai os operandos.
--	Decremento	Subtrai 1 do valor da variável.
*	Multiplicação	Multiplica os operandos.
/	Divisão	Divide os operandos.
%	Módulo	Resto da divisão dos operandos.

Operadores relacionais

Operador	Operação executada	Definição
<	Menor que	Examina se o primeiro operando é menor do que o segundo.

Operador	Operação executada	Definição
>	Maior que	Examina se o primeiro operando é maior do que o segundo.
<=	Menor ou igual a	Examina se o primeiro operando é menor ou igual ao segundo.
>=	Maior ou igual a	Examina se o primeiro operando é maior ou igual ao segundo.
in	em	Verifica as propriedades de um objeto.

Operadores de igualdade

Operador	Operação executada	Definição
==	Igualdade	Examina se um operando é igual ao outro (não confundir com = simples).
!=	Desigualdade	Examina se um operando é diferente do outro.

Operadores lógicos

Operador	Operação executada	Definição
&&	E (AND lógico)	Examina se mais de uma condição é verdadeira.
||	OU (OR lógico)	Examina se pelo menos uma condição é verdadeira.

Instruções condicionais

O ActionScript 3.0 permite instruções condicionais que controlam a sequência de execução das instruções do código.

- `if - else`
- `if - else if`
- `switch`

A seguir, alguns exemplos práticos para você entender o conceito das instruções condicionais:

if

`if` > segunda-feira > Virado à Paulista

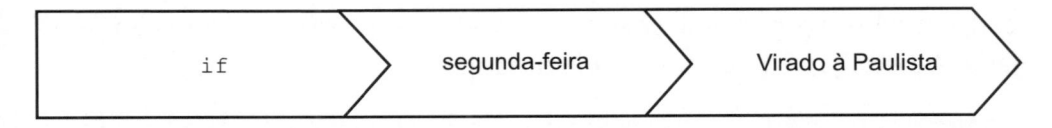

Se for segunda-feira temos Virado à Paulista

if - else

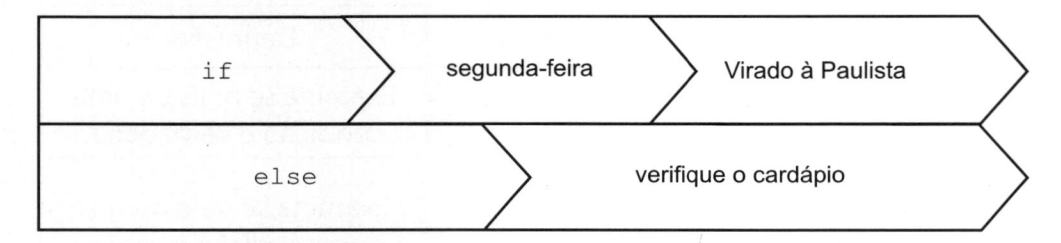

if	segunda-feira	Virado à Paulista
else		verifique o cardápio

Se for segunda-feira temos Virado à Paulista, caso contrário, verifique o cardápio para saber qual é o prato do dia.

if - else if

if	segunda-feira	Virado à Paulista
else	terça-feira	Dobradinha

Se for segunda-feira temos Virado à Paulista, caso seja terça-feira temos Dobradinha.

Switch

A condicional `switch` permite testar várias possibilidades dentro de um conjunto de opções e aplicar apenas aquela que satisfaça a condição desejada. A instrução `case` testa cada uma destas possibilidades.

Dentro de uma estrutura condicional `switch`, quando a expressão `break` aparece significa: interrompa o processo porque já foi encontrada a solução desejada.

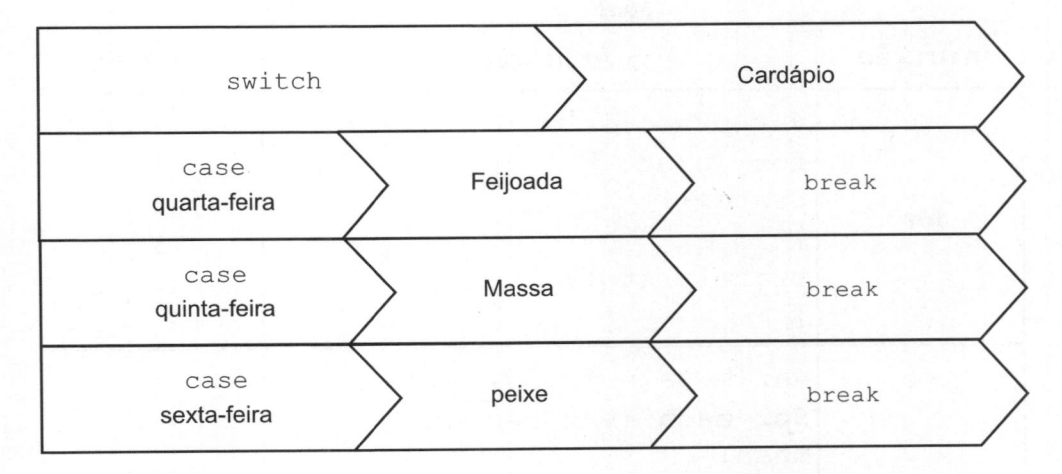

switch		Cardápio	
case quarta-feira	Feijoada	break	
case quinta-feira	Massa	break	
case sexta-feira	peixe	break	

Escolha o seu prato dentre as opções do nosso cardápio: caso você venha na quarta, tem feijoada, caso você venha quinta, tem massa e, caso você venha na sexta, tem peixe.

Estruturas de repetição

As estruturas de repetição permitem repetir a execução de uma determinada parte do código a partir de valores ou variáveis.

São muito úteis quando é necessário repetir uma instrução tantas vezes quanto for necessário para satisfazer a uma determinada condição. Estruturas de repetição mais comuns do ActionScript 3.0:

- for
- for each in
- while
- do while

Para exemplificar estes conceitos de forma na prática, veja na tabela a seguir como trabalham as estruturas de repetição. Você pode experimentá-las inserindo o código mostrado na coluna aplicação dentro do painel **Ações** do Adobe Flash CS5. O resultado será exibido no painel **Saída** quando você testar o filme (**Ctrl + Enter**).

Instrução	Aplicação	Resultado

for	`var prato:int=1;`
	`for (prato = 1; prato < 5; prato++)`
	`{`
	`trace(prato);`
	`}`
		1
		2
		3
		4

for each in	`var mesa = {x:50, y:70};`
	`for each (var medida in mesa)`
	`{`
	`trace(String(medida + "cm"));`
	`}`
		50 cm
		70 cm

while	`var bolinho:int = 2;`
	`while (bolinho <= 5)`
	`{`
	`trace(String (bolinho + "porções"));`
	`bolinho++; }`
		2 porções
		3 porções
		4 porções
		5 porções

do while	`var coxinha:int = 5;`
	`do`
	`{`
	`trace(String (coxinha + "porções")); coxinha++;`
	`} while (coxinha< 8);`
		5 porções
		6 porções
		7 porções

Fundamentos 73

Atividade 8 - Condicional

Palavras-chave: operadores, condicionais, if, else.

1. Abra o arquivo **atividade8_condicional.fla** que está na pasta Fundamentos > Iniciais.

2. Clique no campo de texto **TLF** de formato retangular localizado no **Palco** e atribua um nome de ocorrência para ele na aba propriedades preenchendo no campo correspondente como **campo_cardapio,** conforme mostrado na figura a seguir.

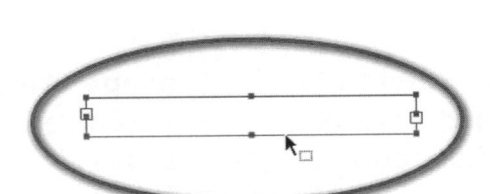

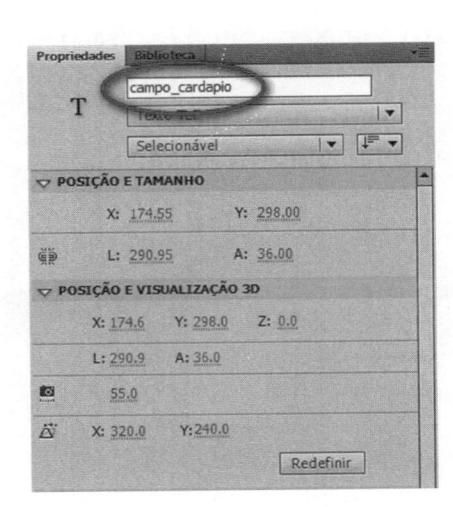

3. Clique no primeiro quadro da **Linha do Tempo** na camada **ações** para selecioná-lo.

74 ActionScript 3.0

4. Acione a tecla **F9** ou escolha **Janela > Ações** para abrir o painel **Ações**.

5. Clique dentro da janela Script para que o cursor do mouse fique ativo, indicando que você pode digitar neste local.

6. Sexta-feira é dia de peixe no Prato Certo. Crie uma variável chamada **dia,** do tipo `String`, com o valor **sexta.**

```
var dia:String="sexta";
```

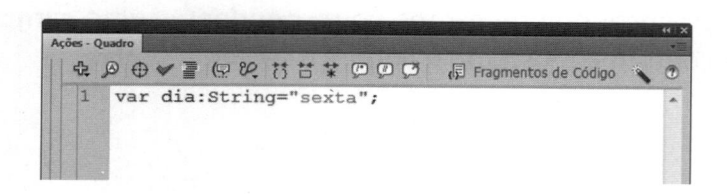

7. Se o valor da variável **dia** for sexta, o **campo_cardapio** mostra o texto "Hoje tem peixe!", caso contrário, ele mostra "Peixe só às sextas!" Esta é a lógica do código abaixo. Digite-o na janela Script do painel **Ações**.

```
if (dia=="sexta") {

    campo_cardapio.text="Hoje tem peixe !";

} else {

    campo_cardapio.text="Peixe só às sextas !";

}
```

8. Aperte **Ctrl+Enter** ou escolha **Controlar > Testar Filme** para testar o arquivo.

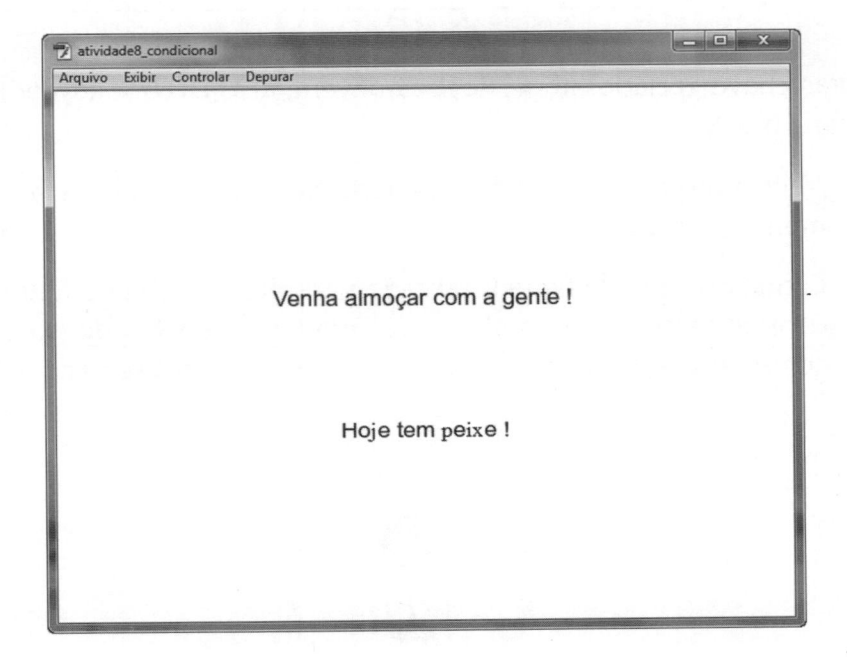

```
atividade8_condicional
Arquivo  Exibir  Controlar  Depurar



                    Venha almoçar com a gente !



                         Hoje tem peixe !
```

9. Feche a janela de visualização do Flash Player clicando no botão correspondente.

10. Salve o arquivo na sua pasta de trabalho com o nome **condicional** acionando **Ctrl+S** ou escolhendo **Arquivo > Salvar.**

Evento de teclado

O ActionScript 3.0 permite dois tipos de evento de teclado:

- `KeyboardEvent.KEY_DOWN`: quando uma tecla é pressionada.
- `KeyboardEvent.KEY_UP`: quando uma tecla é solta.

A propriedade `keyCode` de um evento de teclado pode determinar qual tecla foi pressionada.

Atividade 9 - Evento de teclado

Palavras-chave: teclado, stage, KeyboardEvent, KEY_DOWN, keycode, switch, case, break.

1. Abra o arquivo **atividade9_teclado.fla** que está na pasta Fundamentos > Iniciais.

2. Clique no clipe de filme localizado no **Palco** e atribua um nome de ocorrência para ele na aba propriedades preenchendo no campo correspondente como **copo,** conforme mostrado a seguir.

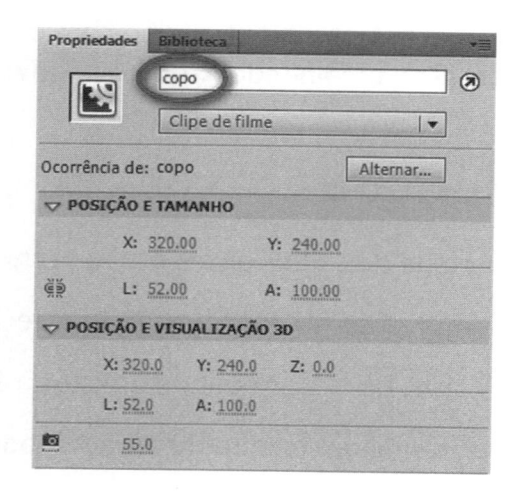

Fundamentos 77

3. Clique no primeiro quadro da **Linha do Tempo** na camada **ações** para selecioná-lo.

4. Acione a tecla **F9** ou escolha **Janela > Ações** para abrir o painel **Ações**.

5. Clique dentro da janela Script para que o cursor do mouse fique ativo, indicando que você pode digitar neste local.

13. Adicione um evento de mouse ao `stage` (palco) para que ele execute a função **teclado** digitando:

```
stage.addEventListener(KeyboardEvent.KEY_DOWN, teclado);
```

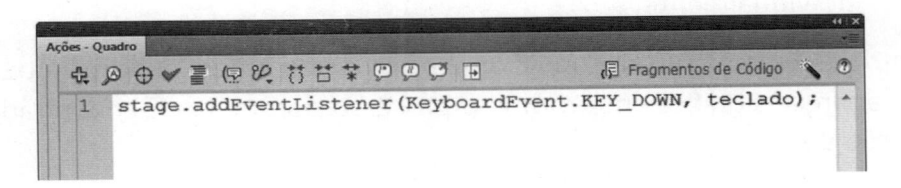

Entenda o código:

- Onde acontece o evento: `stage` **(Palco)**.
- `addEventListener`: é a instrução do ActionScript 3.0 para criar um ouvinte.
- Que tipo de evento: `KeyboardEvent.KEY_DOWN` (quando uma tecla é acionada).
- O que acontece: a função **teclado** é ativada pelo evento.

14. Para criar uma função chamada **teclado** que é relacionada com um evento de teclado digite:

```
function teclado(evento:KeyboardEvent):void {
}
```

```
Ações - Quadro
stage.addEventListener(KeyboardEvent.KEY_DOWN, tecl
function teclado(evento:KeyboardEvent):void {

}
```

Perceba o uso da instrução `void` e as chaves delimitando a área que receberá o conteúdo da função.

15. A condicional `switch` permite testar várias possibilidades dentro de um conjunto de opções e aplicar apenas aquela que satisfaça a condição desejada e a instrução `case` testa cada uma das opções individualmente.

Dentro de uma estrutura condicional `switch` quando a expressão `break` aparece significa: interrompa o processo porque já foi encontrada a solução desejada.

Esta é a lógica que será empregada na construção da parte final do código:

De acordo com tecla escolhida (`keyCode`), o clipe de filme **copo** se movimenta na horizontal ou vertical (x e y), no sentido positivo (+=) ou no sentido negativo (-=), em 5 pixels. Todo este código é inserido na função:

```
switch (evento.keyCode)
    {
        case Keyboard.UP :
            copo.y -= 5;
            break;
        case Keyboard.DOWN :
            copo.y += 5;
            break;
        case Keyboard.RIGHT :
```

```
            copo.x += 5;
            break;
        case Keyboard.LEFT :
            copo.x -= 5;
            break;
}
```

```
stage.addEventListener(KeyboardEvent.KEY_DOWN, teclado);

function teclado(evento:KeyboardEvent):void
{

    switch (evento.keyCode)
    {

        case Keyboard.UP :
            copo.y -=  5;
            break;

        case Keyboard.DOWN :
            copo.y +=  5;
            break;

        case Keyboard.RIGHT :
            copo.x +=  5;
            break;

        case Keyboard.LEFT :
            copo.x -=  5;
            break;

    }
}
```

16. Aperte **Ctrl+Enter** ou escolha **Controlar > Testar Filme** para testar o arquivo. Clique nas teclas direcionais do teclado para movimentar o clipe de filme.

17. Feche a janela de visualização do Flash Player clicando no botão correspondente.

18. Salve o arquivo na sua pasta de trabalho com o nome **teclado** acionando **Ctrl+S** ou escolhendo **Arquivo > Salvar**.

Operador de string

Quando existe a necessidade de exibir o valor de duas ou mais strings juntas utilizamos o operador **+**. Esse processo é chamado de concatenação.

Atividade 10 - Matemática

Palavras-chave: Texto editável, operador de string, concatenação.

1. Abra o arquivo **atividade10_matematica.fla** que está na pasta Fundamentos > Iniciais.

Fundamentos 81

2. Clique no botão **calcular** localizado no **Palco** e atribua um nome de ocorrência para ele na aba propriedades preenchendo no campo correspondente como **botao_calcular,** conforme mostrado a seguir:

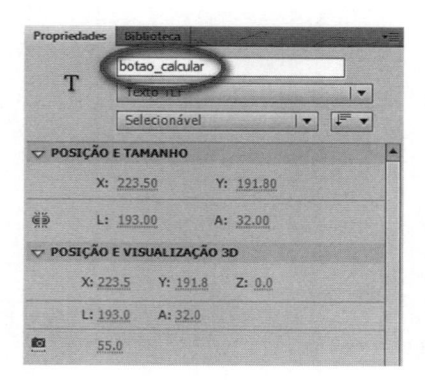

3. Clique no campo de texto **TLF** abaixo do texto **Quantos bolinhos?** localizado no **Palco** e atribua um nome de ocorrência para ele na aba propriedades preenchendo no campo correspondente, como **campo_quantidade_bolinho,** conforme mostrado a seguir:

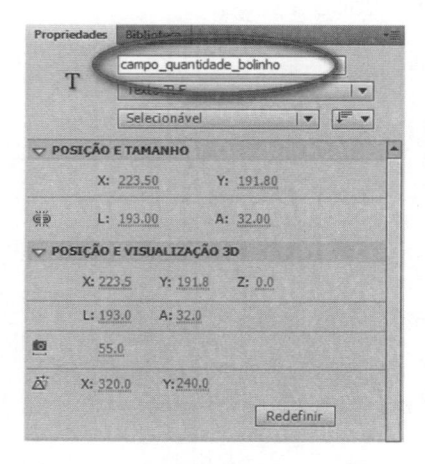

4. Altere o tipo de texto para **editável,** conforme mostrado na na próxima figura:

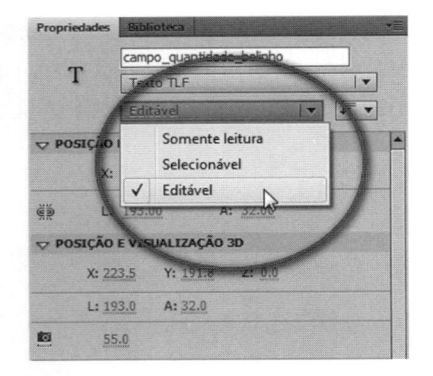

82 ActionScript 3.0

> **Observação:** Um campo de texto **TLF** do tipo **editável** permite ao usuário alterar o seu conteúdo.

5. Clique no campo de texto **TLF** abaixo do botão **calcular** localizado no **Palco** e atribua um nome de ocorrência para ele na aba **Propriedades** preenchendo no campo correspondente como **campo_conta,** conforme mostrado a seguir:

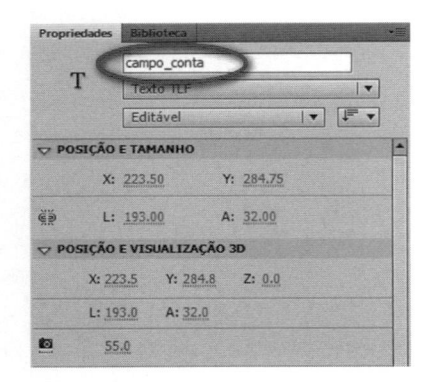

6. Altere o tipo de texto para **selecionável**, conforme mostrado na próxima figura:

Fundamentos 83

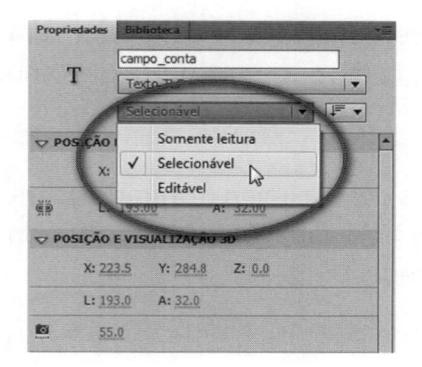

7. Clique no primeiro quadro da **Linha do Tempo** na camada **ações** para selecioná-lo.

8. Acione a tecla **F9** ou escolha **Janela > Ações** para abrir o painel **Ações.**

9. Clique dentro da janela Script para que o cursor do mouse fique ativo indicando que você pode digitar neste local.

10. No **Prato Certo** o bolinho de bacalhau custa R$4,00. Quando você digita a quantidade de bolinhos no primeiro campo e aperta o botão **calcular,** o segundo campo exibe o valor total. Crie uma função chamada **conta** relacionada a um evento de mouse.

```
function conta(evento:MouseEvent):void {
}
```

11. Crie uma variável **preco_bolinho** do tipo Number com o valor 4 digitando:

```
var preco_bolinho:Number=4;
```

12. Crie uma variável **quantidade** cujo valor será o texto a ser inserido pelo usuário no **campo_quantidade** digitando:

```
var quantidade=campo_quantidade_bolinho.text;
```

13. O **campo_conta** deve exibir o resultado da multiplicação da variável **preco_bolinho** pela variável **quantidade** concatenada com o texto "R$" que o precede. Digite:

```
campo_conta.text=String( "R$ " + (preco_bolinho * quantidade) );
```

```
function conta(evento:MouseEvent):void {

    var preco_bolinho:Number = 4;
    var quantidade = campo_quantidade_bolinho.text;
    campo_conta.text=String( "R$ " + (preco_bolinho * quantidade) );

}
```

Observação: Quando existe a necessidade de exibir o valor de duas ou mais strings juntas, utilizamos o operador + (concatenação de String).

14. Adicione um ouvinte de evento ao **botao_calcular,** relacionado à função **conta,** digitando fora da função:

```
botao_calcular.addEventListener(MouseEvent.CLICK, conta);
```

```
function conta(evento:MouseEvent):void {

    var preco_bolinho:Number=4;
    var quantidade=campo_quantidade_bolinho.text;

    campo_conta.text=String( "R$ " + (preco_bolinho * quantidade) );

}
botao_calcular.addEventListener(MouseEvent.CLICK, conta);
```

15. Aperte **Ctrl+Enter** ou escolha **Controlar > Testar Filme** para testar o arquivo. Insira um valor no campo **Quantos Bolinhos?** e aperte o botão calcular.

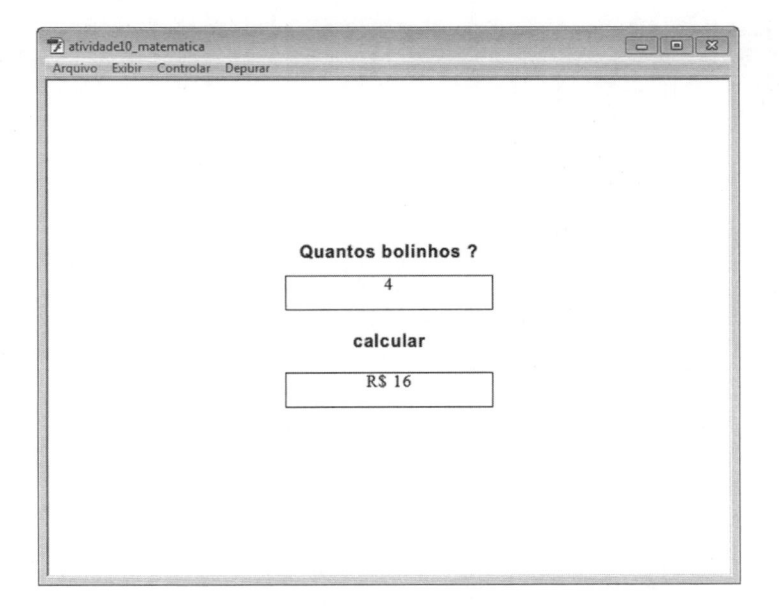

16. Feche a janela de visualização do Flash Player clicando no botão correspondente.

17. Salve o arquivo na sua pasta de trabalho com o nome **matematica**, acionando **Ctrl+S** ou escolhendo **Arquivo > Salvar**.

Parte III

Aplicações

Capítulo 1

Controle e Navegação

Controlar a execução de um filme ou arquivo e permitir a navegação entre pontos diferentes ou externos através de um menu, um botão ou de uma lista de opções são requisitos básicos fundamentais na construção de aplicações interativas.

Como em um roteiro, é necessário estabelecer as ações a serem cumpridas pelos personagens (textos, imagens, botões) que devem estar preparados para interpretá-las corretamente.

Ação 1.1– Parar um filme na linha do tempo

Argumento

Por definição, os arquivos criados no Adobe Flash CS5 ficam em *looping* (repetição). O método `stop` para a execução do filme no quadro em que ele for inserido.

Roteiro

1. Abra o arquivo **acao1_1** da pasta Aplicações > Iniciais > Cap1.
2. Teste o filme **(Ctrl + Enter)** e verifique que ele se encontra em *looping*.

3. Feche a janela de teste do filme clicando no botão correspondente.

4. Clique no quadro 24 da camada **ações** e acione a tecla **F6** para inserir um quadro chave.

5. Acione a tecla **F9** para abrir o painel Ações.

6. Digite stop();.

7. Teste o filme (**Ctrl + Enter**) e repare que a animação agora não se repete.

8. Feche a janela de teste do filme clicando no botão correspondente.

9. Salve o arquivo na sua pasta de trabalho escolhendo a opção **Arquivo > Salvar** ou acionando as teclas **Ctrl + S**.

Script

```
stop();
```

Ação 2.1 – Parar um clipe de filme

Argumento

Por definição, os clipes de filme criados dentro do Adobe Flash CS5 ficam em *looping* (repetição). O método stop interrompe a execução contínua do clipe de filme no quadro em que ele for inserido.

Roteiro

1. Abra o arquivo **acao2_1** da pasta aplicações > iniciais > cap1.
2. Teste o filme (**Ctrl + Enter**) e verifique que ele se encontra em *looping*.
3. Feche a janela de teste do filme clicando no botão correspondente.
4. Clique duas vezes sobre o **clipe** localizado no palco para editá-lo. (note que, ao fazer isto, você sai da **cena** e entra na área de edição do símbolo).
5. Clique no quadro 24 da camada **ações** do clipe de filme e acione a tecla **F6** para inserir um quadro chave.
6. Acione a tecla **F9** para abrir o painel **Ações.**
7. Digite `stop();`
8. Teste o filme (**Ctrl + Enter**) e repare que a animação agora não se repete.
9. Feche a janela de teste do filme clicando no botão correspondente.
10. Salve o arquivo na sua pasta de trabalho escolhendo a opção **Arquivo > Salvar** ou acionando as teclas **Ctrl + S**.

Script

```
stop();
```

Observação: A partir desta ação, não será mais mostrada a imagem com o código dentro da janela Script do painel **Ações.**

Ação 3.1– Controlar um filme com botões (próximo & anterior)

Argumento

O método `nextFrame` desloca o filme até o próximo quadro e interrompe sua execução.

O método `prevFrame` desloca o filme até o quadro anterior e interrompe sua execução.

Roteiro

1. Abra o arquivo **acao3_1** da pasta aplicações > iniciais > cap1.
2. Note a distribuição dos elementos nas camadas (figura a seguir):

    a. ações - reservada para inserir o código;

    b. quadros - mostra o número do quadro ativo;

    c. conteúdo - em cada quadro um texto com o prato do dia;

    d. botões - 2 botões com os nomes de ocorrência **anterior** e **próximo,** respectivamente.

    e. fundo - Logo Prato Certo.

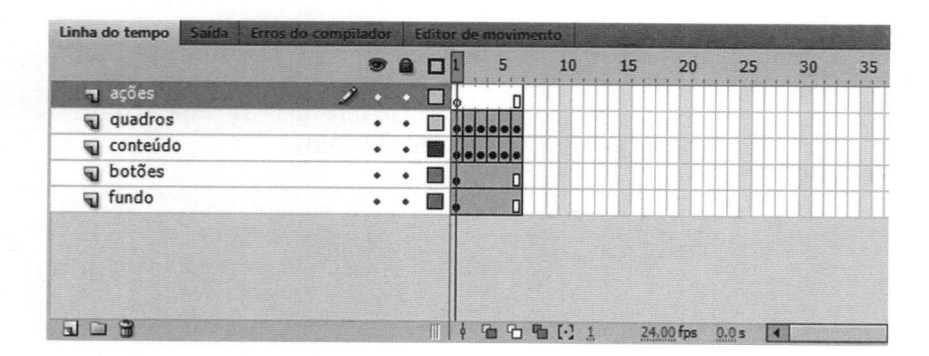

3. Clique no primeiro quadro da camada **ações** e acione a tecla **F9** para abrir o painel **Ações.**

4. Digite `stop();` para parar o filme no quadro 1.

5. O botão com nome de ocorrência **proximo** comanda a função **avancar** e o botão com nome de ocorrência **anterior** a função **voltar**. Digite:

```
proximo.addEventListener(MouseEvent.CLICK, avancar);
anterior.addEventListener(MouseEvent.CLICK,voltar);
```

6. Para criar a função **avancar** e a função **voltar** digite:

```
function avancar(evento:MouseEvent):void {
    nextFrame();
}
function voltar(evento:MouseEvent):void {
    prevFrame();
}
```

10. Teste o filme (**Ctrl + Enter**) e clique nos botões para navegar pelos quadros.

11. Feche a janela de teste do filme clicando no botão correspondente.

12. Salve o arquivo na sua pasta de trabalho escolhendo a opção **Arquivo > Salvar** ou acionando as teclas **Ctrl + S.**

Script

```
stop();

proximo.addEventListener(MouseEvent.CLICK, avancar);
```

```
anterior.addEventListener(MouseEvent. CLICK,voltar);

function avancar(evento:MouseEvent):void {

     nextFrame();
}

function voltar(evento:MouseEvent):void {

     prevFrame();

}
```

Ação 4.1 – Navegar entre os quadros da linha do tempo

Argumento

O método `gotoAndStop()` indica ir e parar em um determinado quadro.

O método `gotoAndPlay() indica` ir para um determinado quadro e continuar a reprodução a partir dele.

Roteiro

1. Abra o arquivo **acao4_1** da pasta aplicações > iniciais > cap1.
2. Note a distribuição dos elementos nas camadas (figura a seguir):
    a. ações - reservada para inserir o código;
    b. quadros - mostra o número do quadro ativo;
    c. conteúdo - em cada quadro um texto com o prato do dia;

Controle e Navegação 95

d. botões - 6 botões com os nomes de ocorrência: **botao_segunda, botao_terca, botao_quarta, botao_quinta, botao_sexta e botao_sabado;**

e. fundo - logo do Prato Certo.

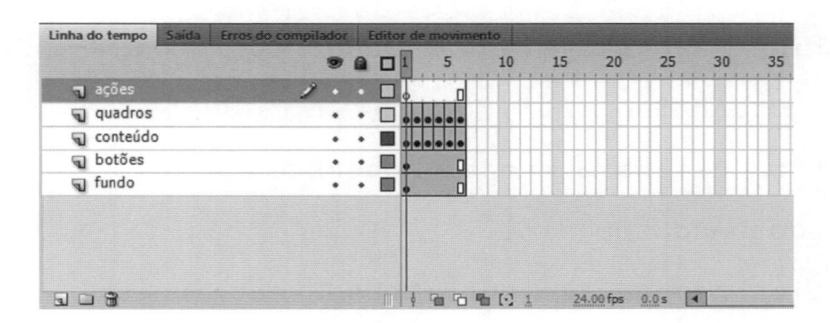

3. Clique no primeiro quadro da camada **ações.** Acione a tecla **F9** para abrir o painel Ações.

4. Digite `stop();` para parar o filme no quadro 1.

5. Para cada botão, um ouvinte é relacionando com a função **navegar** para os respectivos quadros. Digite:

```
botao_segunda.addEventListener(MouseEvent.CLICK,
navegar1);

botao_terca.addEventListener(MouseEvent.CLICK,
navegar2);

botao_quarta.addEventListener(MouseEvent.CLICK,
navegar3);

botao_quinta.addEventListener(MouseEvent.CLICK,
navegar4);

botao_sexta.addEventListener(MouseEvent.CLICK,
navegar5);

botao_sabado.addEventListener(MouseEvent.CLICK,
navegar6);
```

6. Crie todas as funções que levam o filme do quadro 1 até o quadro 6 digitando :

```
function navegar1(evento:MouseEvent):void {
    gotoAndStop(1);}
function navegar2(evento:MouseEvent):void {
    gotoAndStop(2);}
function navegar3(evento:MouseEvent):void {
    gotoAndStop(3);}
function navegar4(evento:MouseEvent):void {
    gotoAndStop(4);}
function navegar5(evento:MouseEvent):void {
    gotoAndStop(5);}
function navegar6(evento:MouseEvent):void{
    gotoAndStop(6);}
```

6. Teste o filme (**Ctrl + Enter**) e clique nos botões para navegar pelos quadros.

7. Feche a janela de teste do filme clicando no botão correspondente.

8. Salve o arquivo na sua pasta de trabalho escolhendo a opção **Arquivo > Salvar** ou acionando as teclas **Ctrl + S**.

Script

```
stop();

botao_segunda.addEventListener(MouseEvent.CLICK,
navegar1);

botao_terca.addEventListener(MouseEvent.CLICK,
navegar2);

botao_quarta.addEventListener(MouseEvent.CLICK,
navegar3);

botao_quinta.addEventListener(MouseEvent.CLICK,
navegar4);

botao_sexta.addEventListener(MouseEvent.CLICK,
navegar5);

botao_sabado.addEventListener(MouseEvent.CLICK,
navegar6);

function navegar1(evento:MouseEvent):void

      {gotoAndStop(1);}

function navegar2(evento:MouseEvent):void

      {gotoAndStop(2);}
```

```
function navegar3(evento:MouseEvent):void

      {gotoAndStop(3);}

function navegar4(evento:MouseEvent):void

      {gotoAndStop(4);}

function navegar5(evento:MouseEvent):void

      {gotoAndStop(5);}

function navegar6(evento:MouseEvent):void

      {gotoAndStop(6);}
```

Ação 5.1 – Navegar entre os quadros da linha do tempo através de botões com condicional switch

Argumento

A classe `SimpleButton` possibilita o controle da ocorrência de um botão dentro do arquivo SWF, pois os métodos e propriedades desta classe permitem a manipulação dos botões no ActionScript3.0.

A propriedade `target` mostra onde o evento foi ativado.

Roteiro

1. Abra o arquivo **acao5_1** da pasta aplicações > iniciais > cap1.

2. Os elementos estão distribuídos nas camadas (como nas ações 3.1 e 4.1) já com os nomes de ocorrência e os botões preenchidos.

3. Clique no primeiro quadro da camada **ações** e acione a tecla **F9** para abrir o painel **Ações.**

4. Digite `stop();` para parar o filme no quadro 1.

5. Aqui é diferente das ações anteriores: para cada botão, um ouvinte é relacionado com uma única função **navegar**. Digite:

```
botao_segunda.addEventListener(MouseEvent.CLICK,
navegar);

botao_terca.addEventListener(MouseEvent.CLICK,
navegar);

botao_quarta.addEventListener(MouseEvent.CLICK,
navegar);

botao_quinta.addEventListener(MouseEvent.CLICK,
navegar);

botao_sexta.addEventListener(MouseEvent.CLICK,
navegar);

botao_sabado.addEventListener(MouseEvent.CLICK,
navegar);
```

6. Crie a função **navegar:**

```
function navegar(evento:MouseEvent):void {

}
```

7. Dentro da função **navegar** (dentro das chaves), crie uma variável chamada **clique** do tipo `SimpleButton` relacionando-a com um evento de mouse em um determinado alvo (`target`):

```
var clique:SimpleButton = SimpleButton(evento.target);
```

8. Abaixo da variável **clique** crie uma outra chamada **qual** que busca o nome (`name`) do botão que recebeu a ação do mouse:

```
var qual:String = clique.name;
```

9. Uma instrução condicional do tipo `switch` verifica qual botão foi clicado e direciona o filme para o respectivo quadro. Digite ainda dentro da função:

```
switch (qual)
    {
        case "botao_segunda" :
            gotoAndStop(1);
            break;
        case "botao_terca" :
            gotoAndStop(2);
            break;
        case "botao_quarta" :
            gotoAndStop(3);
            break;
        case "botao_quinta" :
            gotoAndStop(4);
            break;
```

```
        case "botao_sexta" :
            gotoAndStop(5);
            break;
        case "botao_sabado" :
            gotoAndStop(6);
            break;
    }
```

10. Teste o filme (**Ctrl + Enter**) e clique nos botões para navegar pelos quadros.
11. Salve o arquivo na sua pasta de trabalho escolhendo a opção **Arquivo > Salvar** ou acionando as teclas **Ctrl + S**.

Script

```
stop();

botao_segunda.addEventListener(MouseEvent.CLICK, navegar);

botao_terca.addEventListener(MouseEvent.CLICK, navegar);

botao_quarta.addEventListener(MouseEvent.CLICK, navegar);

botao_quinta.addEventListener(MouseEvent.CLICK, navegar);

botao_sexta.addEventListener(MouseEvent.CLICK, navegar);
```

```
botao_sabado.addEventListener(MouseEvent.CLICK,
navegar);


function navegar(evento:MouseEvent):void
{

      var clique:SimpleButton =
      SimpleButton(evento.target);

      var qual:String = clique.name;

      switch (qual)

      {

            case "botao_segunda" :

                  gotoAndStop(1);

                  break;

            case "botao_terca" :

                  gotoAndStop(2);

                  break;

            case "botao_quarta" :

                  gotoAndStop(3);

                  break;
```

```
            case "botao_quinta" :

                gotoAndStop(4);

                break;

            case "botao_sexta" :

                gotoAndStop(5);

                break;

            case "botao_sabado" :

                gotoAndStop(6);

                break;

        }

}
```

Ação 6.1 – Navegar na web

Argumento

A classe `URLRequest` possibilita uma solicitação do tipo `HTTP`.

O método `navigateToURL()` permite abrir a URL solicitada no seu navegador padrão.

Roteiro

1. Abra o arquivo **acao6_1** da pasta aplicações > iniciais > cap1.

2. Note que no palco já existe um botão cujo nome de ocorrência é **botao_navegar.**

3. Clique no primeiro quadro da camada **ações.** Acione a tecla **F9** para abrir o painel **Ações.**

4. Crie um ouvinte para o **botao_navegar** relacionando-o com a função navegar:

```
botao_navegar.addEventListener(MouseEvent.CLICK, navegar);
```

Digite, como mostrado abaixo, para criar a função **navegar:**

```
function navegar(evento:MouseEvent):void {
}
```

6. Dentro da função **navegar,** crie uma ocorrência da classe `URLRequest` de nome site que indica uma URL a ser carregada, no caso: "http://quadrodosbemois.com.br"

```
var site:URLRequest =
new URLRequest("http://quadrodosbemois.com.br");
```

7. O método `navigateToURL()` carrega efetivamente a URL do objeto `URLRequest`:

```
navigateToURL(site);
```

8. Teste o filme (**Ctrl + Enter**). O site será carregado no seu navegador padrão, se você estiver conectado à rede.

9. Salve o arquivo na sua pasta de trabalho escolhendo a **opção Arquivo > Salvar** ou acionando as teclas **Ctrl + S** .

Script

```
botao_navegar.addEventListener(MouseEvent.CLICK,
navegar);

function navegar(evento:MouseEvent):void

{

    var site:URLRequest =
    new URLRequest("http://quadrodosbemois.com.br");

    navigateToURL(site);

}
```

Ação 7.1– Exibição em tela cheia no navegador

Argumento

A propriedade `displayState` da classe `Stage` habilita e desabilita o modo de exibição em tela cheia de um arquivo SWF. O modo de exibição em tela cheia pode ser ativado pelo ActionScript 3.0 através de uma ação de mouse ou teclado.

Roteiro

1. Abra o arquivo **acao7_1** da pasta aplicações > iniciais > cap1.

2. Note que no palco, do lado inferior esquerdo, já existe um botão cujo nome de ocorrência é **botao_telacheia**.

3. Clique no primeiro quadro da camada **ações** e acione a tecla **F9** para abrir o painel **Ações.**

4. Crie um ouvinte no **botao_telacheia** relacionada com a função telacheia:

```
botao_telacheia.addEventListener(MouseEvent.CLICK, telacheia);
```

5. Crie a função telacheia que, neste caso, será ativada por um evento de mouse, digitando:

```
function telacheia(evento:MouseEvent):void {
}
```

6. Configure a visualização do palco para o modo tela cheia, digitando dentro da função **telacheia**:

```
stage.displayState = StageDisplayState.FULL_SCREEN;
```

Para acionar o modo de tela cheia em um arquivo SWF, quando este estiver incorporado em uma página HTML, o código desta página (HTML) precisa conter a tag *param* e o atributo *embed* com a opção *allowFullScreen* marcado com o valor *true*. Este procedimento pode ser feito na própria interface do Adobe Flash CS5 da seguinte maneira:

7. Selecione **Arquivo > Configurações de Publicação:**

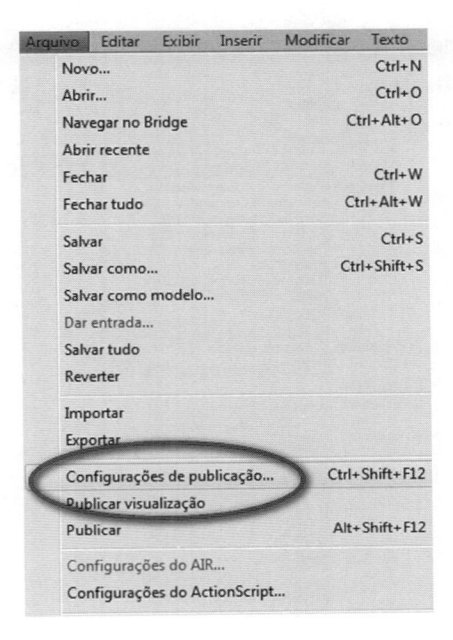

8. Na aba Formatos, dentro da janela **Configurações de Publicação**, marque apenas as opções **Flash (.swf) e HTML (.html):**

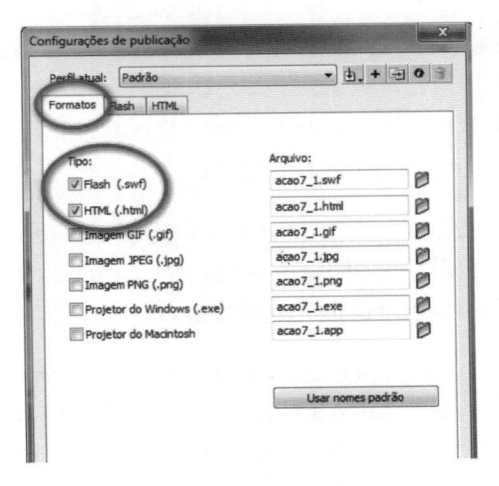

9. Acione a aba **HTML** e no campo **Modelo** marque a opção: **Somente Flash - Permitir tela Cheia**. Aperte **OK** para salvar as configurações:

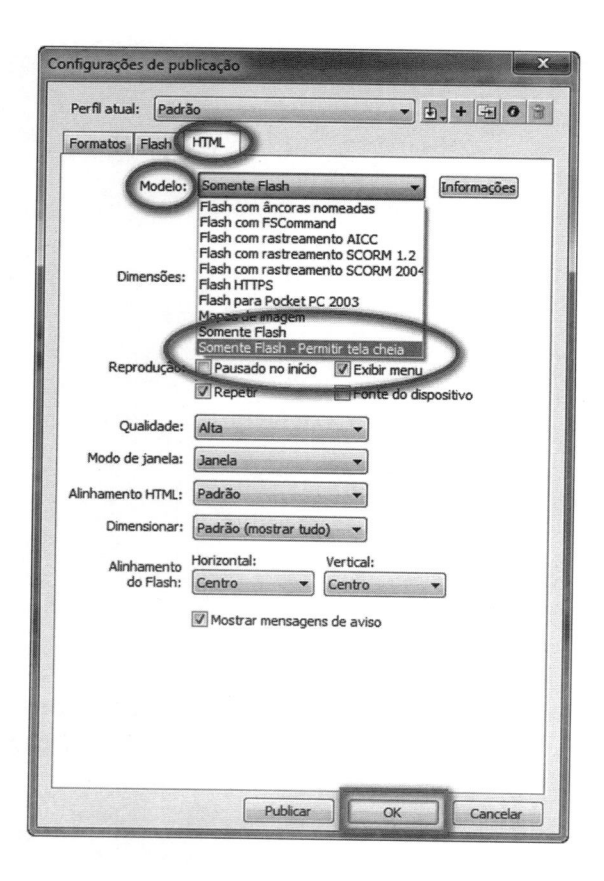

10. Salve o arquivo na sua pasta de trabalho escolhendo a opção Arquivo > Salvar ou acionando as teclas **Ctrl + S.**

11. Selecione **Arquivo > Publicar** para publicar seu arquivo nos formatos **SWF** e **HTML,** conforme as configurações que você definiu na janela **Configurações de Publicação.**

12. Abra a pasta onde você publicou seus arquivos (normalmente é a mesma onde você salvou o arquivo), procure o documento **HTML** e abra-o. O arquivo **SWF** está incorporado nele e o botão, quando acionado, mostra o conteúdo em tela cheia.

Script

```
botao_navegar.addEventListener(MouseEvent.CLICK,
telacheia);

function telacheia(evento:MouseEvent):void

{

stage.displayState =
StageDisplayState.FULL_SCREEN;

}
```

Capítulo 2

Mouse e Teclado

A interface é onde ocorre a relação entre o usuário e o conteúdo, entre o real e o virtual, é o ponto de contato entre o homem e a máquina.

Através do mouse e do teclado, o usuário pode estabelecer uma relação simples e direta de interatividade sobre um aplicativo ou interface quando o ActionScript identifica e responde à ação destes dispositivos de entrada de dados.

A nossa relação com as interfaces digitais evolui a cada dia, quando novas formas de interação complementam ou substituem as tradicionais apontando para um integração de soluções que envolvem, além do teclado e do mouse, telas sensíveis ao toque, comandadas por voz ou por sensores de movimento.

Ação 1.2 – Arrastar um objeto

Argumento

O método `starDrag();` permite arrastar objetos enquanto o mouse estiver pressionado (`MouseEvent.MOUSE_DOWN`).

O método `stopDrag ( );` interrompe este processo quando o mouse é solto (`MouseEvent.MOUSE_UP`).

O parâmetro `true` determina que o objeto seja arrastado a partir do seu ponto de registro.

Roteiro

1. Abra o arquivo **acao1_2** da pasta aplicações > iniciais > cap2.

2. Note que, no centro do palco, existe um clipe de filme (copo) cujo nome de ocorrência é **copo_clipe**.

3. Clique no primeiro quadro da camada **ações** e acione a tecla **F9** para abrir o painel **Ações**.

4. Crie um ouvinte para o evento de pressionar o mouse (MOUSE_DOWN) na ocorrência **copo_clipe** relacionado à função arrastar:

```
copo_clipe.addEventListener( MouseEvent.MOUSE_DOWN, arrastar );
```

5. Crie um ouvinte para o evento de soltar o mouse (MOUSE_UP) que acontecerá em qualquer lugar do palco (stage) relacionado à função soltar:

```
stage.addEventListener( MouseEvent.MOUSE_UP , soltar );
```

6. A função **arrastar** permite arrastar clipe de filme através do método startDrag. O parâmetro true determina que o objeto seja arrastado a partir do seu ponto de registro (que, neste caso, é o centro do objeto):

```
function arrastar(evento:MouseEvent):void {
copo_clipe.startDrag( true )
}
```

7. A função **soltar** permite interromper a ação de arrastar o clipe de filme através do método stopDrag:

```
function soltar(evento:MouseEvent):void {
copo_clipe.stopDrag( ); }
```

8. Teste o filme (**Ctrl + Enter**).

9. Salve o arquivo na sua pasta de trabalho escolhendo a opção **Arquivo > Salvar** ou acionando as teclas **Ctrl + S**.

Script

```
copo_clipe.addEventListener( MouseEvent.MOUSE_DOWN,
arrastar );

stage.addEventListener( MouseEvent.MOUSE_UP ,
soltar );

function arrastar(evento:MouseEvent):void {

      copo_clipe.startDrag( true );
}

function soltar(evento:MouseEvent):void {

      copo_clipe.stopDrag( );

}
```

Ação 2.2 – Arrastar um objeto dentro de uma área definida

Argumento

Dentro do método `startDrag()` é possível incluir um parâmetro para que o objeto seja arrastado apenas dentro de um área predefinida.

Essa área pode ser delimitada, por exemplo, por uma ocorrência da classe `Rectangle`.

Roteiro

1. Abra o arquivo **acao2_2** da pasta aplicações > iniciais > cap2.

2. Note que, no centro do palco, existe um clipe de filme (copo) cujo nome de ocorrência é **copo_clipe**.

3. Clique no primeiro quadro da camada ações e acione a tecla **F9** para abrir o painel **Ações**.

4. Insira na janela Script exatamente o mesmo código da ação anterior:

```
copo_clipe.addEventListener( MouseEvent.MOUSE_DOWN, arrastar );
stage.addEventListener( MouseEvent.MOUSE_UP , soltar );

function arrastar(evento:MouseEvent):void
{
    copo_clipe.startDrag( true );
}
function soltar(evento:MouseEvent):void
{
    copo_clipe.stopDrag( );
}
```

5. Altera a linha de código que possui o método startDrag acrescentando, após o parâmetro **true,** a variável **area,** como mostrado a seguir:

```
copo_clipe.startDrag( true, area );
```

6. Fora da função arrastar crie uma ocorrência da classe Rectangle com o nome area e com os seguintes parâmetros que definem seu tamanho e posição no **Palco:**

- Posição no eixo X: 195.
- Posição no eixo Y: 90.
- Largura: 250.
- Altura: 300.

Desta maneira:

```
var area = new Rectangle (195, 90, 250, 300);
```

O retângulo pontilhado no **Palco** serve apenas como guia e não interfere nos parâmetros do código.

7. Teste o filme (**Ctrl + Enter**).
8. Salve o arquivo na sua pasta de trabalho escolhendo a opção **Arquivo > Salvar** ou acionando as teclas **Ctrl + S.**

Script

```
copo_clipe.addEventListener( MouseEvent.MOUSE_DOWN,
arrastar );

stage.addEventListener( MouseEvent.MOUSE_UP ,
soltar );


function arrastar(evento:MouseEvent):void

{

      copo_clipe.startDrag( true, area );
```

```
}

function soltar(evento:MouseEvent):void

{

        copo_clipe.stopDrag( );

}

var area = new Rectangle(195,90,250,300);
```

Ação 3.2 – Personalizar o mouse

Argumento

O método `hide()` da classe `Mouse` oculta a exibição do cursor do sistema operacional.

As propriedades `mouseX` e `mouseY` mostram, respectivamente, a posição (em pixels) do mouse nos eixos X e Y.

Roteiro

1. Abra o arquivo **acao3_2** da pasta aplicações > iniciais > cap2.
2. Note que, no centro do palco, existe um clipe de filme (estrela) cujo nome de ocorrência é **cursor_estrela**. É ele que substituirá o cursor do mouse.
3. Clique no primeiro quadro da camada ações e acione a tecla **F9** para abrir o painel **Ações**.

4. O método `hide()` permite ocultar o mouse do sistema operacional. Digite:

   ```
   Mouse.hide();
   ```

5. Adicione um ouvinte para o evento de mover o mouse (MOUSE_MOVE) que acontecerá em qualquer lugar do palco (stage) relacionado à função **seguir**:

```
stage.addEventListener(MouseEvent.MOUSE_MOVE,seguir);
```

6. A função **seguir** faz a correspondência entre a posição do clipe de filme **cursor_estrela** e do mouse. Digite:

```
function seguir(evento:MouseEvent): void {
    cursor_estrela.x = mouseX;
    cursor_estrela.y = mouseY;
}
```

7. Teste o filme (**Ctrl + Enter**).

8. Salve o arquivo na sua pasta de trabalho escolhendo a opção **Arquivo > Salvar** ou acionando as teclas **Ctrl + S**.

Script

```
Mouse.hide();


stage.addEventListener(MouseEvent.MOUSE_MOVE, seguir);


function seguir(evento:MouseEvent):void
{
        cursor_estrela.x = mouseX;
```

```
            cursor_estrela.y = mouseY;
}
```

Ação 4.2 – Controlar um objeto pelo teclado

Argumento

A propriedade `keyCode` de um evento de teclado pode determinar qual tecla foi pressionada.

O método `rotate` altera a rotação (em graus) de um objeto.

Roteiro

1. Abra o arquivo **acao4_2** da pasta aplicações > iniciais > cap2.

2. Note que, no centro do palco, existe um clipe de filme (copo) cujo nome de ocorrência é **copo_clipe**. É ele que será controlado pelas setas direcionais do teclado.

3. Clique no primeiro quadro da camada ações e acione a tecla **F9** para abrir o painel **Ações**.

4. Adicione um ouvinte para o evento de apertar uma tecla do teclado (`KEY_DOWN`) que acontecerá em qualquer lugar do palco (`stage`) relacionado à função **mover**:

```
stage.addEventListener(KeyboardEvent.KEY_DOWN, mover);
```

5. Crie uma função chamada **mover** que será disparada por um evento de teclado:

```
function mover(evento:KeyboardEvent):void{
}
```

6. Dentro da função **mover**, a condicional switch irá testar qual tecla foi acionada. Digite:

```
switch (evento.keyCode)
```

7. Dentro de novos parênteses cada opção da condicional switch será testada:

```
{
        case Keyboard.UP :
            copo_clipe.y -= 5;
            copo_clipe.rotation = 0;
            break;
        case Keyboard.DOWN :
            copo_clipe.y += 5;
            copo_clipe.rotation = 180;
            break;
        case Keyboard.RIGHT :
            copo_clipe.x += 5;
            copo_clipe.rotation = 90;
            break;
        case Keyboard.LEFT :
            copo_clipe.x -= 5;
            copo_clipe.rotation = -90;
            break;
}
```

> **Observação**
> Nas teclas UP e DOWN o movimento é no eixo Y, por isso a rotação é 0 ou 180, já nas teclas RIGHT e LEFT o movimento é no eixo X, por isso a rotação é 90 ou -90.

8. Teste o filme (**Ctrl + Enter**) movendo o clipe de filme **copo_clipe** através das setas direcionais do teclado.

9. Salve o arquivo na sua pasta de trabalho escolhendo a opção **Arquivo > Salvar** ou acionando as teclas **Ctrl + S**.

Script

```
stage.addEventListener(KeyboardEvent.KEY_DOWN,
mover);

function mover(evento:KeyboardEvent):void

{

        switch (evento.keyCode)

        {

                case Keyboard.UP :

                        copo_clipe.y -= 5;

                        copo_clipe.rotation = 0;

                        break;

                case Keyboard.DOWN :
```

```
                        copo_clipe.y += 5;

                        copo_clipe.rotation = 180;

                        break;

                        case Keyboard.RIGHT :

                        copo_clipe.x += 5;

                        copo_clipe.rotation = 90;

                        break;

                        case Keyboard.LEFT :

                        copo_clipe.x -= 5;

                        copo_clipe.rotation = -90;

                        break;

            }
}
```

Ação 5.2 – Controlar um objeto pelo teclado até a sua colisão

Argumento

O método `hitTestObjec()` indica quando há o contato entre a caixa delimitadora de dois objetos.

Roteiro

1. Abra o arquivo **acao5_2** da pasta aplicações > iniciais > cap2.
2. Note que, no centro do palco, existe um clipe de filme (prato) cujo nome de ocorrência é **prato_clipe** e, na base do palco, existe um clipe de filme com o nome de ocorrência **mesa_clipe**.
3. Clique no primeiro quadro da camada ações e acione a tecla **F9** para abrir o painel **Ações**.
4. Adicione um ouvinte para o evento de apertar uma tecla (`KEY_DOWN`) que acontecerá em qualquer lugar do palco (`stage`) relacionado à função **batida**:

```
stage.addEventListener(KeyboardEvent.KEY_DOWN, batida);
```

5. Crie uma função chamada **batida** que será disparada por um evento de teclado:

```
function batida(evento:KeyboardEvent):void {
}
```

6. Dentro da função batida, a condicional `if` irá informar quando os dois clipes de filme colidirem (`hitTestObject`); caso isto seja verdadeiro o clipe de filme **prato_clipe** para.

```
if (prato_clipe.hitTestObject(mesa_clipe)) {
prato_clipe.stop();
    }
```

7. Caso contrário (else if), se tecla direcional (DOWN) for acionada, o clipe de filme **prato_clipe** se movimenta 2 pixels no eixo vertical:

```
else if (evento.keyCode == Keyboard.DOWN ) {
prato_clipe.y += 2;
    }
```

> **Observação**
> Certifique-se de que toda estrutura condicional (if - else if) esteja dentro das chaves da função.

8. Teste o filme (**Ctrl + Enter**). Você consegue mover o clipe de filme **prato_clipe** pela seta direcional (⬇)do teclado até o momento em que ele se encontra com o clipe de filme **mesa_clipe**.

9. Salve o arquivo na sua pasta de trabalho, escolhendo a opção Arquivo > Salvar ou acionando as teclas **Ctrl + S**.

Script

```
stage.addEventListener(KeyboardEvent.KEY_DOWN, batida);

function batida(evento:KeyboardEvent):void

{
        if (prato_clipe.hitTestObject(mesa_clipe))
```

```
            {
                    prato_clipe.stop();
            }
            else if (evento.keyCode == Keyboard.DOWN )
            {
                    prato_clipe.y += 2;
            }
}
```

Ação 6.2 – Arrastar um objeto até sua colisão e desaparecimento

Argumento

O método `visible` permite alterar a visibilidade de um objeto, que pode ser configurada em `true` (visível) e `false` (invisível).

Roteiro

1. Abra o arquivo **acao6_2** da pasta aplicações > iniciais > cap2.

2. Note que, no canto superior direito do palco, existe um clipe de filme (prato) cujo nome de ocorrência é **prato_clipe** e, no canto inferior esquerdo do palco existe um clipe de filme com o nome de ocorrência **cesto_clipe.**

3. Clique no primeiro quadro da camada ações e acione a tecla **F9** para abrir o painel **Ações**.

4. Como a primeira parte desta ação é arrastar um objeto, vamos aproveitar a lógica do código que você desenvolveu na **Ação 1.2.** Digite ou copie, substituindo a palavra copo pela palavra prato.

```
prato_clipe.addEventListener( MouseEvent.MOUSE_DOWN, arrastar );

stage.addEventListener( MouseEvent.MOUSE_UP , soltar );

function arrastar(evento:MouseEvent):void {

prato_clipe.startDrag( true );

}

function soltar(evento:MouseEvent):void {

prato_clipe.stopDrag( );

}
```

5. Substitua a linha de código `prato_clipe.stopDrag();` que está dentro da função **soltar** por esta estrutura condicional que verifica quando ocorre o encontro dos objetos `(hitTestObject)` e, neste ponto, encerra a ação de arrastar o clipe de filme `stopDrag();)` e altera a visibilidade do clipe de filme **prato_clipe** `(visible=false)`, como mostrado a seguir:

```
if (prato_clipe.hitTestObject(cesto_clipe))

{
```

```
            prato_clipe.stopDrag();
            prato_clipe.visible=false;
}
```

6. Teste o filme (**Ctrl + Enter**) arrastando o clipe de filme **prato_clipe** e perceba que ele desaparecerá quando se encontrar com o clipe de filme **cesto_clipe**.

7. Salve o arquivo na sua pasta de trabalho, escolhendo a opção **Arquivo > Salvar** ou acionando as teclas **Ctrl + S**.

Script

```
prato_clipe.addEventListener( MouseEvent.MOUSE_DOWN,
arrastar );

stage.addEventListener( MouseEvent.MOUSE_UP ,
soltar );

function arrastar(evento:MouseEvent):void

{

        prato_clipe.startDrag( true);

}

function soltar(evento:MouseEvent):void

{

        if (prato_clipe.
hitTestObject(cesto_clipe))

        {
```

```
                    prato_clipe.stopDrag();

                    prato_clipe.visible=false;

            }

}
```

Capítulo 3

Conteúdo Externo

A possibilidade de trabalhar com arquivos externos permite algumas vantagens:

a) **Modularidade**

O fluxo de trabalho pode ser organizado de forma independente, pois o conteúdo externo é desenvolvido em outros aplicativos e softwares.

b) **Diminuição do tamanho final do arquivo**

Imagens (JPEG, PNG ou GIF) e filmes no formato SWF podem ser carregados apenas na hora em que são solicitados e, por isso, não sobrecarregam o tamanho do arquivo principal.

Na web, o tempo de carregamento de uma aplicação é um fator fundamental para uma avaliação positiva do seu projeto por parte do usuário.

c) **Controle do usuário**

O usuário pode acompanhar o andamento do carregamento do arquivo através de informações numéricas (porcentagem ou quantidade de bytes) e visuais (na forma de gráficos).

Ação 1.3 – Carregar uma imagem externa (JPEG, GIF ou PNG) por uma ação de botão

Argumento

A classe `URLRequest` permite a comunicação com conteúdo e arquivos externos.

A classe `Loader` permite o carregamento de imagens nos formatos **GIF**, **JPG e PNG** e também de arquivos no formato **SWF** e o método `load` é quem, de fato, executa esta ação.

O método `addchild()` torna visível um objeto que foi criado pelo ActionScript.

Roteiro

1. Abra o arquivo **acao1_3** da pasta aplicações > iniciais > cap3.

2. Note que no palco, do lado inferior esquerdo, já existe um botão cujo nome de ocorrência é **botao_carregar** e, na parte central superior, um clipe de filme vazio cujo nome de ocorrência é **alvo**.

3. Clique no primeiro quadro da camada **ações** e acione a tecla **F9** para abrir o painel **Ações**.

4. Crie um ocorrência com o nome **externo** do tipo `URLRequest` cujo valor será a imagem **foto_salto.jpg**, que está localizada na subpasta imagens dentro da pasta aplicações > iniciais > cap3, digitando:

```
var externo:URLRequest =
new URLRequest("imagens/foto_salto.jpg");
```

Observação

> Verifique sempre o caminho do arquivo. Neste caso, a imagem está dentro da pasta **imagens.** Certifique-se de copiar os arquivos e as pastas correspondentes para a sua pasta de trabalho. Você também pode utilizar um arquivo que esteja publicado na web digitando a URL completa dentro das aspas, por exemplo: *http://www.meusite. com.br/imagens/ foto_salto.jpg* *
>
> *Este endereço é fictício.*

5. Crie um objeto da classe Loader com o nome **carregador** digitando:

```
var carregador:Loader = new Loader();
```

6. Para exibir um objeto no palco é preciso utilizar o método addChild() relacionando-o com o nome da ocorrência que você criou na etapa (carregador). Digite:

```
alvo.addChild(carregador);
```

7. Crie um ouvinte para o evento clicar com o mouse (CLICK) que ocorre no **botao_carregar** e executa a função **carregar.**

```
botao_carregar.addEventListener(MouseEvent.CLICK, carregar);
```

8. Dentro da função **carregar**, o método load permite o carregamento do arquivo que foi identificado como **externo** no objeto da classe Loader (**carregador**).

```
function carregar(evento:MouseEvent):void {
carregador.load(externo);
}
```

9. Teste o filme (**Ctrl + Enter**) clicando no botão **carregar**.

10. Salve o arquivo na sua pasta de trabalho escolhendo a opção **Arquivo > Salvar** ou acionando as teclas **Ctrl + S**.

Script

```
var externo:URLRequest =
new URLRequest("imagens/foto_salto.jpg");

var carregador:Loader = new Loader();

alvo.addChild(carregador);

botao_carregar.addEventListener(MouseEvent.CLICK,
carregar);

function carregar(evento:MouseEvent):void
{
      carregador.load(externo);
}
```

Ação 2.3 – Carregar um filme SWF externo

Argumento

A classe `URLRequest` permite a comunicação com conteúdo e arquivos externos.

A classe `Loader` permite o carregamento de imagens nos formatos **GIF, JPG e PNG** e também de arquivos no formato **SWF** e o método `load` é quem, de fato, executa esta ação.

O método `addchild()` torna visível um objeto que foi criado pelo ActionScript.

Roteiro

1. Abra o arquivo **acao2_3** da pasta aplicações > iniciais > cap3.

2. Note que no palco, do lado inferior esquerdo, já existe um botão cujo nome de ocorrência é **botao_carregar** e, na parte central superior, um clipe de filme vazio cujo nome de ocorrência é **alvo**.

3. Clique no primeiro quadro da camada **ações** e acione a tecla **F9** para abrir o painel **Ações**.

4. Crie um ocorrência com o nome **externo** do tipo URLRequest cujo valor será o filme **foto_prato.swf**, localizado na pasta filmes, dentro da pasta aplicações > inciais > cap3 digitando:

```
var externo:URLRequest =
new URLRequest("filmes/prato.swf");
```

> **Observação**
> Verifique sempre o caminho do arquivo, neste caso, o arquivo está dentro da pasta **filmes**. Certifique-se de copiar os arquivos e as pastas correspondentes para a sua pasta de trabalho. Você também pode utilizar um arquivo que esteja publicado na web digitando a URL completa dentro das aspas, por exemplo: *http://www.meusite.com.br/filmes/ prato.swf**
>
> *Este endereço é fictício.

5. O restante de código pode ser reaproveitado da ação anterior, pois o procedimento é exatamente o mesmo. Digite ou copie na sequência:

```
var carregador:Loader = new Loader();
alvo.addChild(carregador);
botao_carregar.addEventListener(MouseEvent.CLICK,
carregar);
function carregar(evento:MouseEvent):void {
    carregador.load(externo);
}
```

6. Teste o filme (**Ctrl + Enter**) clicando no botão **carregar.**
7. Salve o arquivo na sua pasta de trabalho escolhendo a opção **Arquivo > Salvar** ou acionando as teclas **Ctrl + S.**

Script

```
var externo:URLRequest =
new URLRequest("filmes/prato.swf");
var carregador:Loader = new Loader();

alvo.addChild(carregador);


botao_carregar.addEventListener(MouseEvent.CLICK,
carregar);

function carregar(evento:MouseEvent):void
{
        carregador.load(externo);
}
```

Ação 3.3 – Carregar e descarregar uma imagem externa

Argumento

O método `buttonMode` permite que um objeto seja visto com um botão, ou seja, quando o mouse apontá-lo será exibido o cursor do sistema operacional no modo seleção de link (👆).

O método `unLoad` remove um arquivo que foi carregado em um objeto da classe `Loader`.

Roteiro

1. Abra o arquivo **acao3_3** da pasta aplicações > iniciais > cap3.
2. Note que no palco, do lado inferior esquerdo, já existe um botão cujo nome de ocorrência é **botao_carregar** e, na parte central superior, um clipe de filme vazio cujo nome de ocorrência é **alvo**.
3. Clique no primeiro quadro da camada **Ações** e acione a tecla **F9** para abrir o painel **Ações**.
4. Para a primeira parte da ação (carregar uma imagem) será utilizado o código da Ação 1.3. Digite ou copie:

```
var externo:URLRequest = new
URLRequest("imagens/foto_salto.jpg");
var carregador:Loader = new Loader();
alvo.addChild(carregador);
botao_carregar.addEventListener(MouseEvent.CLICK,
carregar);
function carregar(evento:MouseEvent):void {
    carregador.load(externo);
}
```

5. Até aqui você tem o código para carregar a imagem, agora é necessário um ouvinte na própria imagem que foi carregada no clipe de filme **alvo** com um evento do tipo CLICK que execute a função **remover.** Digite:

```
alvo.addEventListener( MouseEvent.CLICK, remover );
```

6. A função **remover** remove o conteúdo (`unload`) do objeto `Loader` (chamado no código de **carregador**) que foi carregado através do método `load()`. Crie a função **remover:**

```
function remover(evento:MouseEvent ):void {
carregador.unload();
}
```

7. Para transformar o conteúdo do clipe de filme **alvo**, que é a imagem a ser carregada em um objeto no modo botão, digite:

```
alvo.buttonMode = true;
```

8. Teste o filme (**Ctrl + Enter**) clicando no botão **carregar** e depois na própria imagem para descarregá-la.

9. Salve o arquivo na sua pasta de trabalho escolhendo a opção **Arquivo > Salvar** ou acionando as teclas **Ctrl + S**.

Script

```
var externo:URLRequest =
new URLRequest("imagens/foto_salto.jpg");

var carregador:Loader = new Loader();

alvo.addChild(carregador);

botao_carregar.addEventListener(MouseEvent.CLICK, carregar);

function carregar(evento:MouseEvent):void

{

        carregador.load(externo);

}

alvo.addEventListener( MouseEvent.CLICK, remover);
```

```
function remover(evento:MouseEvent ):void

{

        carregador.unload();

}

alvo.buttonMode = true;
```

Ação 4.3 – Controlar visualmente o carregamento de um arquivo com barra de progresso

Argumento

A classe `LoaderInfo` permite o acesso a informações de arquivos de imagem ou filmes carregados (JPEG, GIF, PNG ou SWF).

As principais informações que podem ser obtidas são: o progresso do carregamento, o endereço (URL) do conteúdo carregado, a quantidade de bytes do arquivo, sua largura e altura.

A propriedade `contentLoaderInfo` acompanha qualquer objeto `Loader` (carregador).

Quando uma ação de carregamento começa, ou seja, quando dados, imagens ou arquivos são carregados, é disparado um evento do tipo ProgressEvent, que permite indicar em que estágio se encontra este processo da seguinte maneira:

- `ProgressEvent.PROGRESS` - Mostra o progresso do carregamento do arquivo.

- `Event.COMPLETE` - Indica quando termina o carregamento do arquivo.

A propriedade `bytesLoaded` mostra o número de bytes carregados de um arquivo e a propriedade `bytesTotal`, o tamanho total (em bytes) deste arquivo.

Roteiro

1. Abra o arquivo **acao4_3** da pasta aplicações > iniciais > cap3.
2. Note a distribuição dos elementos no **Palco**:

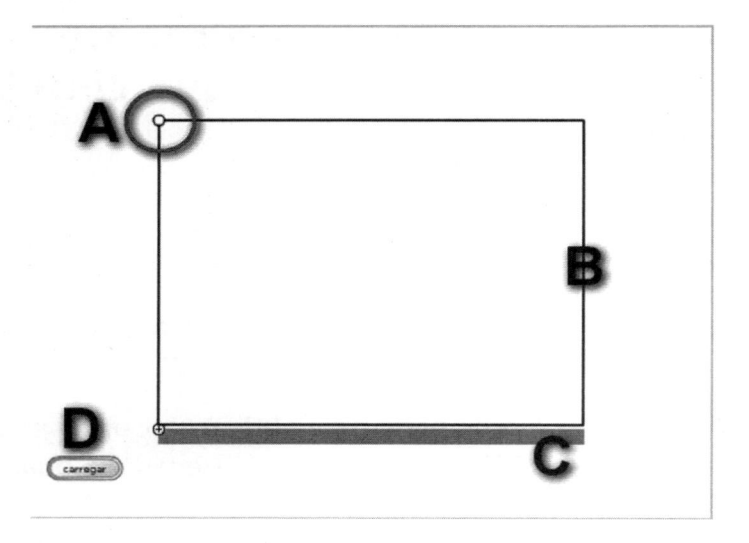

A. Um clipe de filme com o nome de ocorrência **alvo**, que indica o ponto onde o arquivo será carregado.

B. Um contorno que mostra onde o arquivo será carregado.

C. Um clipe de filme com o nome de ocorrência **grafico.** Está é a barra de progresso que indica o estágio do carregamento do arquivo. Perceba que o seu ponto de registro está em sua extremidade esquerda.

Conteúdo Externo 137

   D. Um botão com o nome de ocorrência **botao_carregar**.
3. Clique no primeiro quadro da camada **Ações** e acione a tecla **F9** para abrir o painel **Ações**.
4. Para a ação de carregar e descarregar imagem será reaproveitado o código da **Ação 3.3**. Digite ou copie:

```
var externo:URLRequest =
new URLRequest("imagens/foto_salto.jpg");
var carregador:Loader = new Loader();
alvo.addChild(carregador);

botao_carregar.addEventListener(MouseEvent.CLICK,
carregar);

function carregar(evento:MouseEvent):void
{
    carregador.load(externo);
}

alvo.addEventListener( MouseEvent.CLICK, remover );

function remover(evento:MouseEvent ):void
{
    carregador.unload();
}

alvo.buttonMode = true;
```

5. Na sequência do código, para indicar que o clipe de filme gráfico não está visível no palco até que se inicie o carregamento do arquivo, digite:

```
grafico.visible = false;
```

6. Crie um ouvinte na ocorrência **carregador** que indica o progresso de carregamento do arquivo para a propriedade `contentLoaderInfo` e executa a função **visualizacao** que você criará na próxima etapa:

```
carregador.contentLoaderInfo.addEventListener
(ProgressEvent.PROGRESS, visualizacao);
```

7. A função **visualizacao** determina os seguintes comportamentos:

   A. Que a variável **porcentagem** seja o resultado do número de bytes carregados dividido pelo número de bytes total do evento.

   B. Que o comprimento, `scaleX`, do clipe de filme **grafico** assuma o valor da variável **porcentagem**.

   C. Que o clipe de filme **grafico** fique visível no **Palco**.

Digite:

```
function visualizacao(evento:ProgressEvent):void{
var porcentagem =
evento.bytesLoaded / evento.bytesTotal;
grafico.scaleX = porcentagem;
grafico.visible = true;}
```

8. Após o carregamento do arquivo, quando o evento tiver sido completado, a função **completo** determina que o clipe de filme gráfico fique agora invisível no palco. Digite:

```
carregador.contentLoaderInfo.addEventListener
(Event.COMPLETE, completo);

function completo(evento:Event):void {

grafico.visible = false;
}
```

10. Acione a tecla (**Ctrl + Enter**) e, antes de clicar no botão **carregar**, escolha a opção **Exibir > Simular download** para que o Flash Player faça a simulação de baixar um arquivo da web.

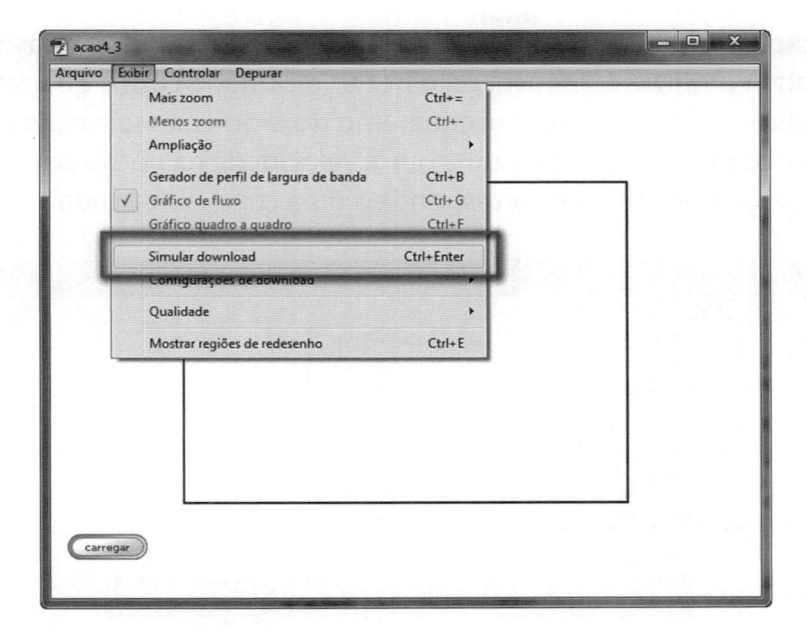

11. Aperte agora o botão **carregar** e veja o progresso do carregamento do arquivo pela mudança de tamanho do clipe de filme **grafico.**

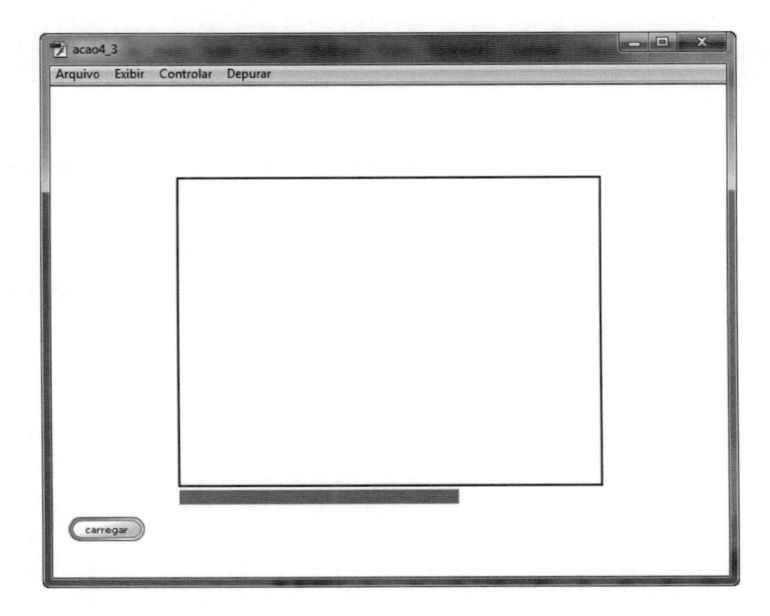

Na opção **Exibir > Configurações de download** da janela do Flash Player que testa o arquivo, é possível escolher a velocidade com a qual você deseja realizar a simulação do carregamento do arquivo escolhendo entre as opções disponíveis ou definir uma outra velocidade na opção personalizar. O valor padrão é 56K, que corresponde a uma conexão discada.

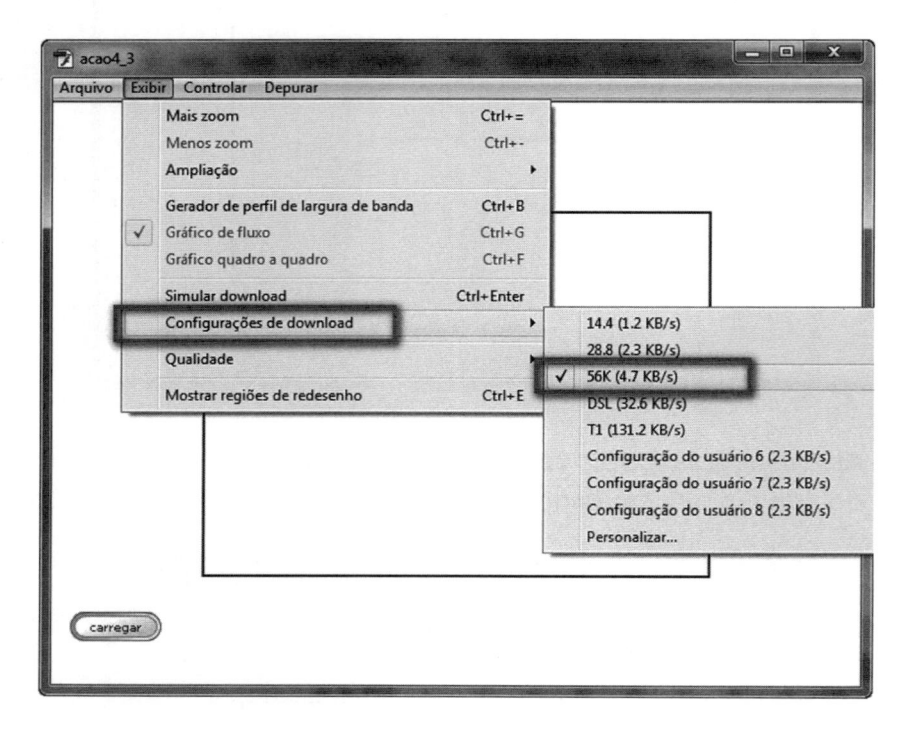

A opção **Exibir > Gerador de perfil de largura de banda** abre uma janela que mostra todos detalhes do carregamento do arquivo. Se necessário, redimensione a janela para visualizar todos os dados.

Conteúdo Externo 141

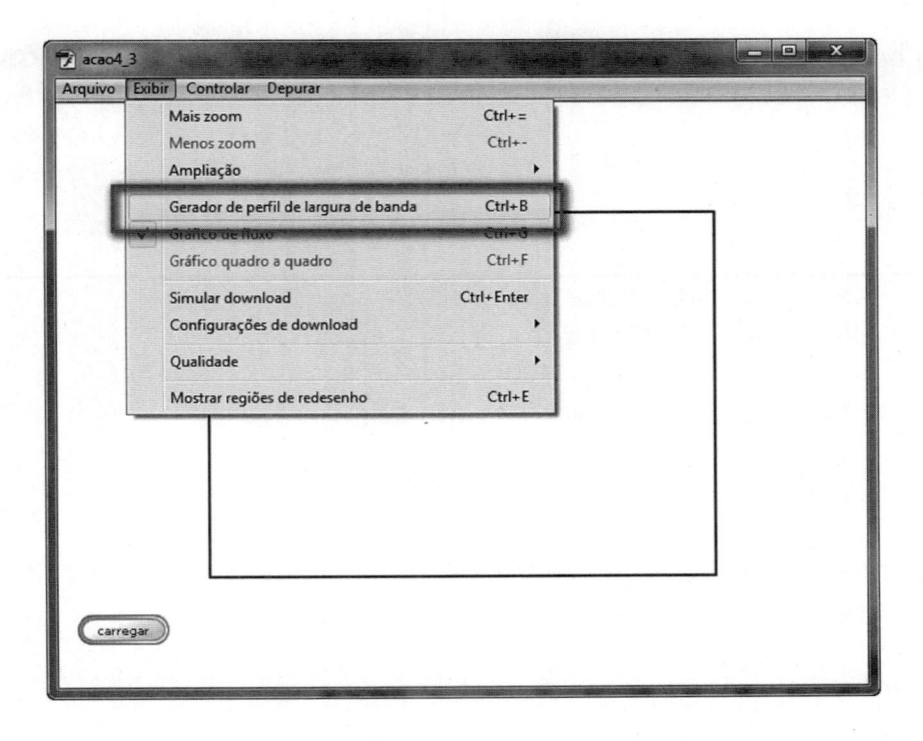

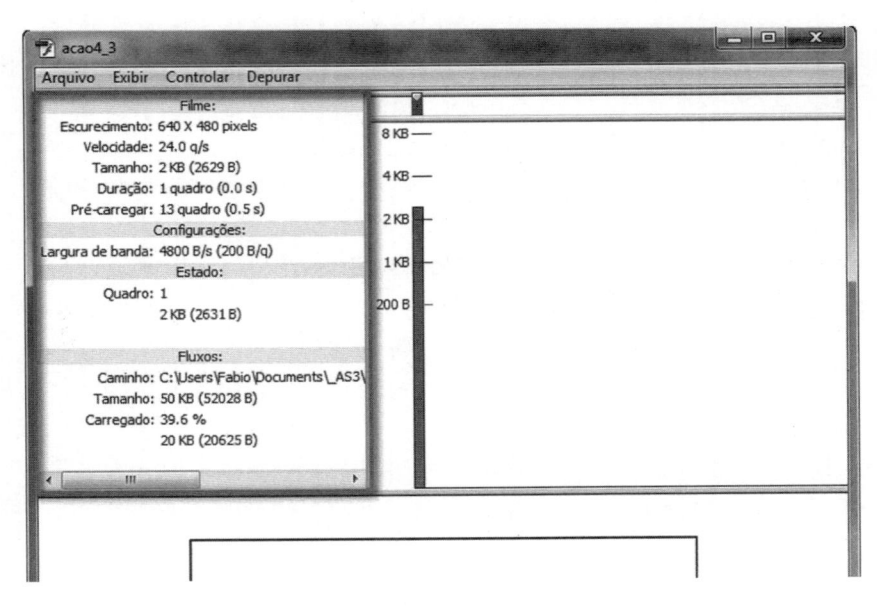

11. Salve o arquivo na sua pasta de trabalho, escolhendo a opção **Arquivo > Salvar** ou acionando as teclas **Ctrl + S**.

Script

```
var externo:URLRequest =
new URLRequest("imagens/foto_salto.jpg");

var carregador:Loader = new Loader();

alvo.addChild(carregador);

botao_carregar.addEventListener(MouseEvent.CLICK,
carregar);

function carregar(evento:MouseEvent):void {
carregador.load(externo);

}

alvo.addEventListener( MouseEvent.CLICK,
remover );

function remover(evento:MouseEvent ):void {
carregador.unload();

}

alvo.buttonMode = true;
grafico.visible = false;

carregador.contentLoaderInfo.addEventListener
(ProgressEvent.PROGRESS, visualizacao);
```

```
function visualizacao(evento:ProgressEvent):void {

var porcentagem =
evento.bytesLoaded / evento.bytesTotal;

grafico.scaleX = porcentagem;

grafico.visible = true; }

carregador.contentLoaderInfo.addEventListener
(Event.COMPLETE, completo);

function completo(evento:Event):void {
grafico.visible = false;

}
```

Ação 5.3 – Controlar visualmente o carregamento de um arquivo com barra de progresso e com valores numéricos

Argumento

Os métodos e as propriedades da classe `Math` permitem acessar e manipular funções matemáticas.

O método `floor` "arredonda" o valor numérico de uma variável dentro da classe `Math`.

Roteiro

1. Abra o arquivo **acao5_3** da pasta aplicações > iniciais > cap3.

2. Note que no palco, além de todos os elementos que você encontrou na ação anterior, existe também um campo de texto com o nome de ocorrência **campo_resultado**.

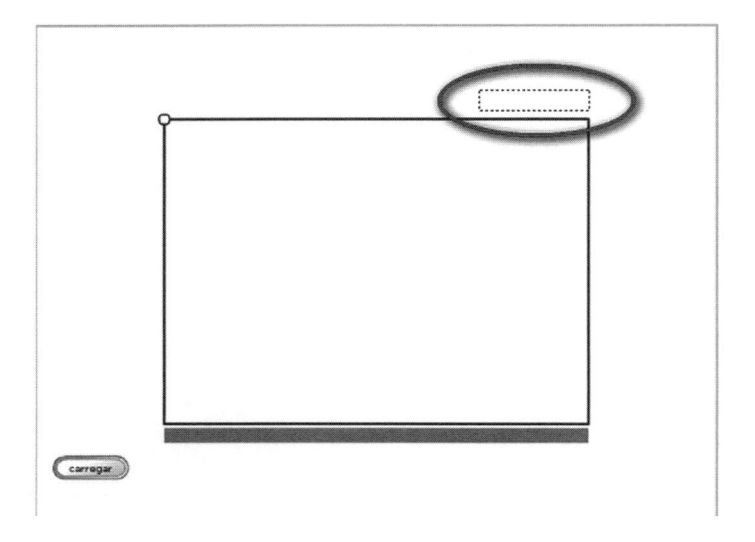

Este campo de texto não é do tipo **TLF,** é um texto clássico configurado como texto dinâmico (ver figura a seguir), para que não seja necessário que o Flash Player requisite os servidores da Adobe para baixar uma cópia da biblioteca ou procure um arquivo (**.swz**), e você possa testar o arquivo com a simulação de download.

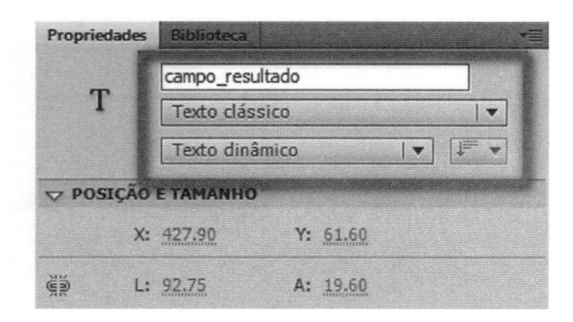

3. Clique no primeiro quadro da camada **Ações** e acione a tecla **F9** para abrir o painel **Ações.**

4. Aproveite o código da **Ação 4.3**. Digite ou copie:

```
var externo:URLRequest =
new URLRequest("imagens/foto_salto.jpg");
var carregador:Loader = new Loader();
alvo.addChild(carregador);
botao_carregar.addEventListener(MouseEvent.CLICK,
carregar);
function carregar(evento:MouseEvent):void {
     carregador.load(externo);
}
alvo.addEventListener( MouseEvent.CLICK, remover );
function remover(evento:MouseEvent ):void {
     carregador.unload();
}
alvo.buttonMode = true;
grafico.visible = false;
carregador.contentLoaderInfo.addEventListener
(ProgressEvent.PROGRESS, visualizacao);
function visualizacao(evento:ProgressEvent):void {
     var porcentagem =
evento.bytesLoaded / evento.bytesTotal;
     grafico.scaleX = porcentagem;
     grafico.visible = true;
}
```

```
carregador.contentLoaderInfo.addEventListener
(Event.COMPLETE, completo);

function completo(evento:Event):void {
    grafico.visible = false;
}
```

5. Dentro da função **visualizacao** acrescente mais duas linhas para que o campo de texto **campo_resultado** fique visível e exiba o valor arredondado (`Math.floor`) da variável **porcentagem** multiplicada por 100 e com o símbolo "%" ao lado.

```
campo_resultado.visible = true;
campo_resultado.text = Math.floor(porcentagem * 100)
+ "%";
```

Dentro da função **completo** adicione mais uma linha de código para tornar o campo de texto **campo_resultado** invisível após o evento de carregamento ter sido completado.

```
campo_resultado.visible = false;
```

6. Acione **Ctrl + Enter** e, antes de clicar no botão **carregar,** não esqueça de escolher a opção **Exibir > Simular download** para que o Flash Player faça a simulação de baixar um arquivo da web.

> **Observação**
> Você também pode simular o download clicando duas vezes **Ctrl + Enter**.

7. Salve o arquivo na sua pasta de trabalho escolhendo a opção **Arquivo > Salvar** ou acionando as teclas **Ctrl + S.**

Script

```
var externo:URLRequest =
new URLRequest("imagens/foto_salto.jpg");

var carregador:Loader = new Loader();

alvo.addChild(carregador);

botao_carregar.addEventListener(MouseEvent.CLICK,
carregar);

function carregar(evento:MouseEvent):void

{

        carregador.load(externo);

}

alvo.addEventListener( MouseEvent.CLICK,
remover );

function remover(evento:MouseEvent ):void

{

        carregador.unload();
}

alvo.buttonMode = true;//carregador

grafico.visible = false;
```

```
carregador.contentLoaderInfo.addEventListener(
ProgressEvent.PROGRESS, visualizacao);

function visualizacao(evento:ProgressEvent):void
{
        var porcentagem =
        evento.bytesLoaded / evento.bytesTotal;

        grafico.scaleX = porcentagem;
        grafico.visible = true;

        campo_resultado.visible = true;

        campo_resultado.text =
        Math.floor(porcentagem * 100) + "%";
}

carregador.contentLoaderInfo.addEventListener
(Event.COMPLETE, completo);

function completo(evento:Event):void
{
        grafico.visible = false;

        campo_resultado.visible = false;
}
```

Capítulo 4

Áudio

O *Sound Design* e os efeitos sonoros assumem um papel cada vez maior de destaque nas aplicações web e nos games.

A falta de opção de controle dos atributos do som como volume e balanço ou a obrigação de ouvir a mesma sequência musical repetitiva (conhecida como loop sonoro) sem a possibilidade de desligá-la ou escolher outra de características diferentes não estimula o usuário a valorizar a trilha sonora e o leva a abrir mão do áudio.

O usuário espera a máxima qualidade técnica de áudio, espera que ele pontue as situações visuais e responda em tempo real às suas ações diante da máquina.

Os sons podem atribuir novos significados a imagens que, isoladamente, não estabeleçam relações entre si e também pode assumir a função de conduzir e localizar o usuário através da interface da navegação, quando padrões sonoros em botões e teclas informam a realização ou não de uma determinada ação.

O ActionScript pode controlar um som, desde que ele obtenha as informações do áudio carregado no Flash Player, de várias maneiras:

    a. Embutindo as informações de áudio diretamente no arquivo SWF.

    b. Carregando um arquivo externo no formato MP3 dentro do arquivo no SWF.

    c. Capturando a entrada de áudio através de um microfone conectado ao dispositivo ou computador do usuário.

Ação 1.4 – Carregar um arquivo de áudio

Argumento

A classe Sound permite a criação de um objeto Sound para carregar (load) e reproduzir (play) um arquivo de áudio externo no formato MP3.

Roteiro

1. Abra o arquivo **acao1_4** da pasta aplicações > iniciais > cap4.
2. Clique no primeiro quadro da camada **ações** e acione a tecla **F9** para abrir o painel **Ações**.
3. Crie um ocorrência com o nome **carrega_audio** da classe URLRequest, cujo valor será o arquivo de áudio **musica.mp3** que está localizado na subpasta áudio, dentro da pasta aplicações > inciais > cap4, digitando:

```
var carrega_audio:URLRequest =
new URLRequest("audio/musica.mp3");
```

4. Crie um objeto da classe Sound com o nome **audio** digitando:

```
var audio:Sound = new Sound();
```

5. O método load() carrega o arquivo no objeto **audio**. Digite:

```
audio.load(carrega_audio);
```

6. Após ser carregado, a reprodução é iniciada pelo método play()

```
audio.play();
```

7. Acione **Ctrl + Enter** para testar o arquivo. A reprodução do áudio deve começar automaticamente.

8. Salve o arquivo na sua pasta de trabalho escolhendo a opção **Arquivo > Salvar** ou acionando as teclas **Ctrl + S**.

Script

```
var carrega_audio:URLRequest =
new URLRequest("audio/musica.mp3");

var audio:Sound = new Sound();

audio.load(carrega_audio);

audio.play();
```

Ação 2.4 – Carregar e controlar (play / pause & stop) um arquivo de áudio

Argumento

Depois que um áudio é carregado, ele passa a ser controlado pela classe `SoundChannel`.

Roteiro

1. Abra o arquivo **ação2_4** da pasta aplicações > iniciais > cap4.

2. Note que no palco existem dois botões com os respectivos nomes de ocorrência: **botao_tocar** e **botao_parar**.

3. Clique no primeiro quadro da camada **ações** e acione a tecla **F9** para abrir o painel **Ações**.

4. Crie um ocorrência com o nome **carrega_audio** da classe URLRequest, cujo valor será o arquivo de áudio **musica.mp3** que está localizado na subpasta **audio**, dentro da pasta aplicações > iniciais > cap4, digitando:

```
var carrega_audio:URLRequest =
new URLRequest("audio/musica.mp3");
```

5. Crie um objeto da classe Sound com o nome **audio** digitando:

```
var audio:Sound = new Sound();
```

6. O método load() carrega o arquivo no objeto **audio**. Digite:

```
audio.load(carrega_audio);
```

7. Crie uma ocorrência da classe SoundChannel com o nome **canal**:

```
var canal:SoundChannel = new SoundChannel ;
```

8. Após ser carregado, a reprodução só inicia pelo método play(), desta vez associado a uma ocorrência da classe SoundChannel (**canal**):

```
canal = audio.play();
```

9. Nesta ação o áudio não deve começar automaticamente, então digite:

```
canal.stop();
```

10. Crie uma variável **tocando** do tipo Boolean e atribua o valor false:

```
var tocando:Boolean = false;
```

11. Crie uma variável pausa do tipo Number e atribua o valor 0:

```
var pausa:Number = 0;
```

12. Crie um ouvinte para cada um dos botões, um relacionado à função **tocar** e outro à função **parar**, respectivamente:

```
botao_tocar.addEventListener(MouseEvent.CLICK,
tocar);

botao_parar.addEventListener(MouseEvent.CLICK,
parar);
```

Como você verá nas próximas etapas, a função **tocar** tem uma dupla funcionalidade (play / pause).

A função **tocar** prevê a seguinte lógica:

Caso o áudio **não** esteja tocando (`tocando==false`), ele começa a reprodução a partir de onde parou (`pausa`) e a variável **tocando** é invertida (`tocando==true`).

Caso o áudio esteja tocando (`tocando==true`), a variável **pausa** assume a posição do áudio no momento da reprodução (`position`), a reprodução é interrompida e o valor da variável **tocando** passa a ser `true`.

Digite:

```
function tocar(evento:MouseEvent):void {
    if (tocando==false)
    {
        canal = audio.play(pausa);
        tocando = true;
}
else if (tocando==true)
{
        pausa = canal.position;
        canal.stop();
        tocando = false;
    }
}
```

14. A função **parar** tem a seguinte condicional:

Se o som estiver tocando (`tocando==true`), a reprodução é interrompida, a variável **tocando** assume o valor `false` e a variável **pausa** passa a ser "0". Digite:

```
function parar(evento:MouseEvent):void {
    if (tocando==true)
    {
        canal.stop();
        tocando = false;
        pausa = 0;
    }
}
```

15. Acione **Ctrl + Enter** para testar o arquivo.
16. Salve o arquivo na sua pasta de trabalho escolhendo a opção **Arquivo > Salvar** ou acionando as teclas **Ctrl + S**.

Script

```
var carrega_audio:URLRequest = new URLRequest("audio/musica.mp3");

var audio:Sound = new Sound();

audio.load(carrega_audio);

var canal:SoundChannel = new SoundChannel ;

canal = audio.play();
```

```
canal.stop();

var tocando:Boolean = false;

var pausa:Number = 0;

botao_tocar.addEventListener(MouseEvent.CLICK,
tocar);

botao_parar.addEventListener(MouseEvent.CLICK,
parar);

function tocar(evento:MouseEvent):void

{
        if (tocando == false)

        {
              canal = audio.play(pausa);
              tocando = true;
        }

         else if (tocando==true)

        {
              pausa = canal.position;
              canal.stop();
              tocando = false;
        }

}

function parar(evento:MouseEvent):void
```

```
{
        if (tocando == true)
        
        {
            canal.stop();
            tocando = false;
            pausa = 0;
            
        }
        
}
```

Ação 3.4 – Carregar e controlar (play / pause & stop com volume) um arquivo de áudio

Argumento

A classe `SoundTransform` tem, entre suas propriedades, o controle do volume do som.

A variação de volume de áudio no ActionScript 3.0 é medida com valores entre 0 e 1.0.

Roteiro

1. Abra o arquivo **acao3_4** da pasta aplicações > iniciais > cap4.

2. Note que no palco existem mais dois botões, além dos dois botões da Ação 2.4, com os respectivos nomes de ocorrência **botao_aumentar** e **botao_diminuir,** na parte inferior direita do palco.

3. Clique no primeiro quadro da camada **ações** e acione a tecla **F9** para abrir o painel **Ações**.

4. Digite ou copie **todo o código da ação 2.4** que servirá de base para esta ação.

5. Crie uma ocorrência da classe `SoundTransform` com o nome **transforma** que esteja associada ao objeto **canal** pela propriedade `soundtransform` e que permitirá o controle de volume do áudio.

Digite junto com as outras variáveis no código, logo após a linha da variável **pausa**, como mostrado abaixo:

```
var tocando:Boolean = false;
var pausa:Number = 0;
var transforma = new SoundTransform();
transforma = canal.soundTransform;
botao_tocar.addEventListener(MouseEvent.CLICK, tocar);
botao_parar.addEventListener(MouseEvent.CLICK, parar);
```

6. Crie um ouvinte para cada um dos botões de volume (**botao_aumentar** e **botao_diminuir**), um relacionado à função **aumentar** e outro à função **diminuir,** respectivamente. Insira estes eventos logo abaixo dos eventos dos botões **botao_tocar** e **botao_parar,** como mostrado abaixo:

```
botao_tocar.addEventListener(MouseEvent.CLICK, tocar);
botao_parar.addEventListener(MouseEvent.CLICK, parar);
botao_aumentar.addEventListener(MouseEvent.CLICK, aumentar);
```

```
botao_diminuir.addEventListener(MouseEvent.CLICK,
diminuir);
```

7. Entenda a função **aumentar:**

Para cada clique o volume aumenta em 0.1 (+= 0.1), a condicional **if** limita o volume máximo em 1 e o valor do volume é passado para o **canal** através da propriedade `soundTransform`.

Digite no fim do código, após a função **parar,** a estrutura da função **aumentar:**

```
function aumentar(evento:MouseEvent):void {

    transforma.volume += 0.1;

    if (transforma.volume >= 1)
    {
        transforma.volume = 1;
    }

    canal.soundTransform = transforma;
}
```

8. Entenda a função **diminuir:**

Para cada clique o volume diminui em 0.1 (-= 0.1), a condicional `if` limita o volume mínimo em 0 e o valor do volume é passado para o **canal** através da propriedade `soundTransform`. Digite a estrutura da função **diminuir:**

```
function diminuir(evento:MouseEvent):void
{
    transforma.volume -= 0.1;

    if (transforma.volume <= 0)
```

```
    {
        transforma.volume = 0;
    }
        canal.soundTransform = transforma;
}
```

9. Acione **Ctrl + Enter** para testar o arquivo.
10. Salve o arquivo na sua pasta de trabalho escolhendo a opção **Arquivo > Salvar** ou acionando as teclas **Ctrl + S**.

Script

```
var carrega_audio:URLRequest = new
URLRequest("audio/musica.mp3");

var audio:Sound = new Sound();

audio.load(carrega_audio);

var canal:SoundChannel = new SoundChannel ;

canal = audio.play();

canal.stop();

var tocando:Boolean = false;

var pausa:Number = 0;

var transforma = new SoundTransform();
```

```
transforma = canal.soundTransform;

botao_tocar.addEventListener(MouseEvent.CLICK,
tocar);

botao_parar.addEventListener(MouseEvent.CLICK,
parar);

botao_aumentar.addEventListener(MouseEvent.CLICK,
aumentar);

botao_diminuir.addEventListener(MouseEvent.CLICK,
diminuir);

function tocar(evento:MouseEvent):void

{

        if (tocando == false)

        {

                canal = audio.play(pausa);

                tocando = true;

        }
        else if (tocando==true)

        {

                pausa = canal.position;

                canal.stop();
```

```
                tocando = false;

        }

}

function parar(evento:MouseEvent):void

{

        if (tocando == true)

        {

                canal.stop();

                tocando = false;

                pausa = 0;

        }

}

function aumentar(evento:MouseEvent):void

{
        transforma.volume += 0.1;
        if (transforma.volume >= 1)
        {

                transforma.volume = 1;

        }
```

```
            canal.soundTransform = transforma;
}
function diminuir(evento:MouseEvent):void
{
        transforma.volume -= 0.1;
        if (transforma.volume <= 0)
        {
                transforma.volume = 0;
        }
        canal.soundTransform = transforma;
}
```

Ação 4.4 – Microfone

Argumento

A classe `Microphone` é utilizada para capturar o áudio do microfone do sistema. Para acessá-la é necessário empregar o método `getMicrophone()`.

O método `setLoopBack` envia o áudio captado pelo microfone para os alto-falantes do sistema.

A classe `SecurityPanel` acessa as configurações de segurança do dispositivo que você deseja exibir – no caso, o microfone.

O método `setUseEchoSuppression` possibilita a eliminação de eco.

A propriedade `activityLevel` indica a intensidade do som que está sendo captado pelo microfone.

Roteiro

1. Abra o arquivo **acao4_4** da pasta aplicações > iniciais > cap4.
2. Note que no **Palco** existe uma barra horizontal com o nome de ocorrência **barra** e um campo de texto com nome de ocorrência **valor.**
3. Clique no primeiro quadro da camada **ações** e acione a tecla **F9** para abrir o painel **Ações.**
4. Crie uma ocorrência da classe `Microphone` com o nome **microfone** que capta o som do microfone do usuário através do método `getMicrophone`:

```
var microfone:Microphone =
Microphone.getMicrophone();
```

5. Para habilitar o alerta do painel Configurações do Flash Player digite:

```
Security.showSettings(SecurityPanel.MICROPHONE);
```

6. Para eliminar o eco gerado pela capatação do aúdio digite:

```
microfone.setUseEchoSuppression(true);
```

7. Para enviar o som captado pelo microfone aos alto-falantes digite:

```
microfone.setLoopBack(true);
```

8. Crie um ouvinte que ocorre no **Palco (stage)** do tipo `ENTER_FRAME`, para que ele seja atualizado constantemente e dispare a função **nivel_audio** digitando:

```
stage.addEventListener(Event.ENTER_FRAME,
nivel_audio);
```

164 ActionScript 3.0

9. A função **nivel_audio** passa o valor do nível de atividade (`activityLevel`) do microfone para o clipe de filme barra e para o campo de texto valor. Digite:

```
function nivel_audio(evento:Event){
barra.width = microfone.activityLevel;
valor.text = microfone.activityLevel + "%";
}
```

> **Observação:** A largura do clipe de filme barra é 100 pixels e é alterada de acordo com variação da atividade do microfone (0 - 100).

11. Acione **Ctrl + Enter** para testar o arquivo.
12. Na janela do painel de Configurações marque a opção **Reduce Echo** e diminua bastante o volume, conforme mostrado na figura, e aperte o botão **Close**.

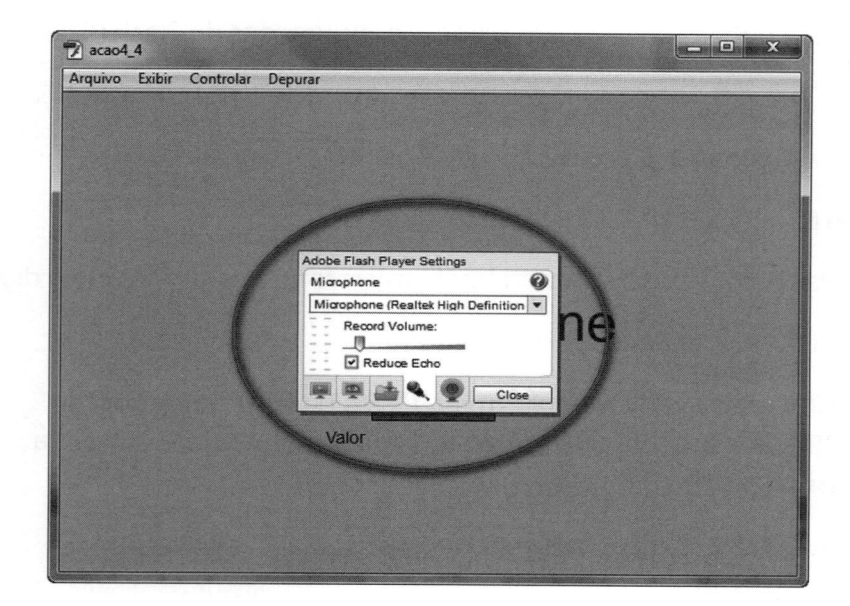

13. Permita o acesso ao microfone clicando no botão **Allow**, conforme mostrado na figura.

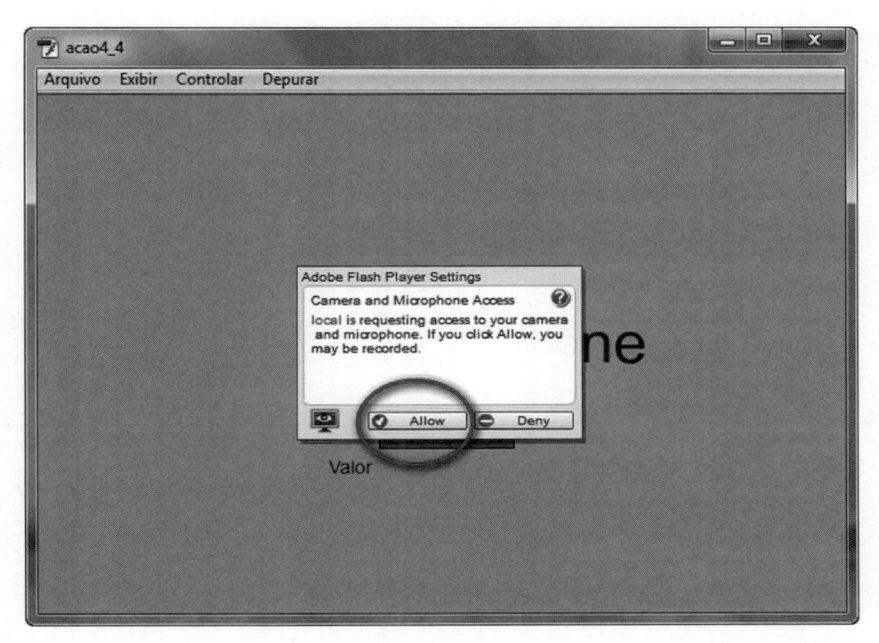

14. Experimente falar ou produzir sons próximo ao seu microfone e acompanhe o resultado.

15. Salve o arquivo na sua pasta de trabalho escolhendo a opção **Arquivo > Salvar** ou acionando as teclas **Ctrl + S**.

Script

```
var microfone:Microphone =
Microphone.getMicrophone();

Security.showSettings(SecurityPanel.MICROPHONE);

microfone.setUseEchoSuppression(true);

microfone.setLoopBack(true);
```

```
stage.addEventListener(Event.ENTER_FRAME,
nivel_audio);

function nivel_audio(evento:Event)

{

        barra.width = microfone.activityLevel;

        valor.text = microfone.activityLevel + "%";

}
```

Capítulo 5

Vídeo

O uso do vídeo como complemento de conteúdo ou como protagonista dentro de aplicações para web ganha cada vez mais espaço, devido à possibilidade de exibição de arquivos de alta qualidade com taxas de bits mais baixas.

As tarefas mais comuns para vídeo e ActionScript são:

- Exibir e controlar a reprodução de vídeos.
- Carregar conteúdo de vídeos externos.
- Exibir vídeos em modo de tela cheia.
- Capturar e exibir vídeo da câmera do seu sistema, por exemplo, uma webcam.

Observação: Segundo dados da ComScore (http://www.comscore.com/), 75% de todos os vídeos produzidos para a web são visualizados através do Flash Player.

Além do formato de vídeo FLV (Flash Video), vídeos codificados nos padrões H.264 e HE-AAC a partir de formatos de arquivo com o padrão MPEG-4 também podem ser exibidos pelo Flash Player.

Formato	Padrão
H.264	MPEG-4: MP4, M4V, F4V, 3GPP
FLV	Sorenson Spark
FLV	ON2 VP6

Fonte: Adobe

Você pode utilizar o programa Adobe Media Encoder para transformar aquivos de vídeo de outros formatos como, por exemplo, QuickTime ou Windows Media Videos no formato FLV.

> **Saiba mais** — *Adobe Media Encoder: http://tiny.cc/as3_encoder*

O ActionScript permite acessar e trabalhar os dados de arquivos de vídeo da mesma maneira com que você manipula os demais conteúdos gráficos de textos, imagem e animação; seja através das classes `Video`, `NetStream` e `Camera` ou através do uso do componente `FLVPlayback` para reproduzir progressivamente (streaming) arquivos de vídeo.

> **Saiba mais** — *Uso do componente FLVPlayback: http://tiny.cc/as3_flv_playback*

Ação 1.5 – Carregar um vídeo

Argumento

A classe `NetConnection` cria uma conexão de mão dupla do tipo cliente / servidor e o método `connect` estabelece esta conexão. Quando o arquivo é transmitido a partir de um servidor local ou de um servidor web, é preciso configurá-lo com o parâmetro `null`.

A classe `NetStream` cria o fluxo (streaming) de dados e mídia recebidos de um objeto `NetConnection`.

O método `attachNetStream()` habilita o fluxo do vídeo e o método `play()` inicia a reprodução do arquivo.

Roteiro

1. Abra o arquivo **acao1_5** da pasta aplicações > iniciais > cap5.

2. Clique no primeiro quadro da camada **ações** e acione a tecla **F9** para abrir o painel **Ações.**

3. Crie uma ocorrência da classe `NetConnection` com o nome **conexão:**

```
var conexao:NetConnection = new NetConnection();
```

4. Configure-a com parâmetro `null`, pois o arquivo será transmitido a partir de um servidor local (uma pasta no seu computador):

```
conexao.connect(null)
```

5. Crie uma ocorrência da classe `NetStream` para objeto **conexão:**

```
var fluxo:NetStream = new NetStream(conexao);
```

6. Agora crie um objeto de vídeo chamado **video** com 400px de largura e 300px de altura:

```
var video:Video = new Video(400,300);
```

7. Para habilitar o fluxo do vídeo (`attachNetStream`) e iniciar sua reprodução (`play`) digite:

```
video.attachNetStream(fluxo);
fluxo.play("video/video.flv");
```

> **Observação**
>
> Verifique sempre o caminho do arquivo, neste caso, o vídeo está dentro da pasta **video.** Você também pode utilizar um arquivo que esteja publicado na web digitando a URL completa dentro das aspas, por exemplo: *http://www.meusite.com.br/video/video.flv* *
>
> *Este endereço é fictício.*

8. Defina a posição (eixo x e y) do vídeo no **palco:**

```
video.x=50;

video.y=50;
```

9. Adicione o objeto vídeo à lista de exibição pelo método `addChild` para mostrá-lo no **palco**:

```
addChild(video);
```

10. Acione **Ctrl + Enter** para testar o arquivo.
11. Salve o arquivo na sua pasta de trabalho escolhendo a opção **Arquivo > Salvar** ou acionando as teclas **Ctrl + S.**

Script

```
var conexao:NetConnection = new NetConnection();

conexao.connect(null);


var fluxo:NetStream = new NetStream(conexao);

var video:Video = new Video(400,300);


video.attachNetStream(fluxo);

fluxo.play("video/video.flv");


video.x = 50;

video.y = 50;

addChild(video);
```

Ação 2.5 – Carregar e controlar um vídeo com o componente FLVPlayback

Argumento

O componente de vídeo **FLVPlayback** pode ser configurado pelo Action-Script 3.0.

Roteiro

1. Abra o arquivo **acao2_5** da pasta aplicações > iniciais > cap5.
2. Abra o painel **Componentes** acionando o menu **Janela > Componentes** ou pelo atalho **CTRL + F7**.

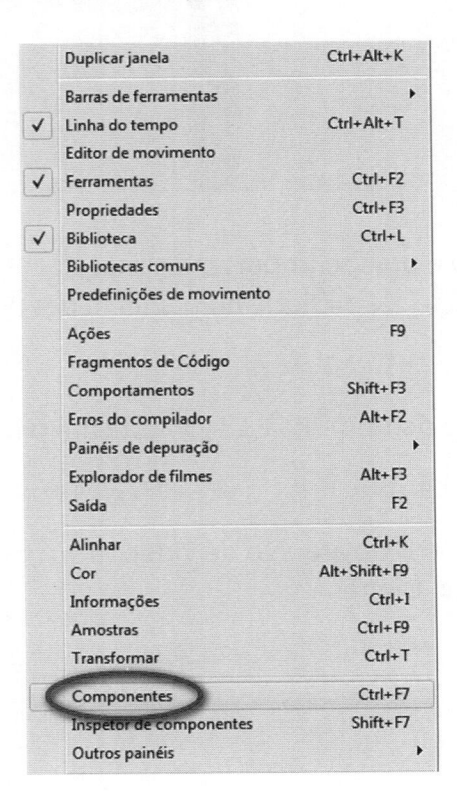

172 ActionScript 3.0

3. Na subpasta **Vídeo**, que está dentro do painel **Componentes**, clique na opção **FLVPlayback 2.5** e arraste o componente para a **Biblioteca.**

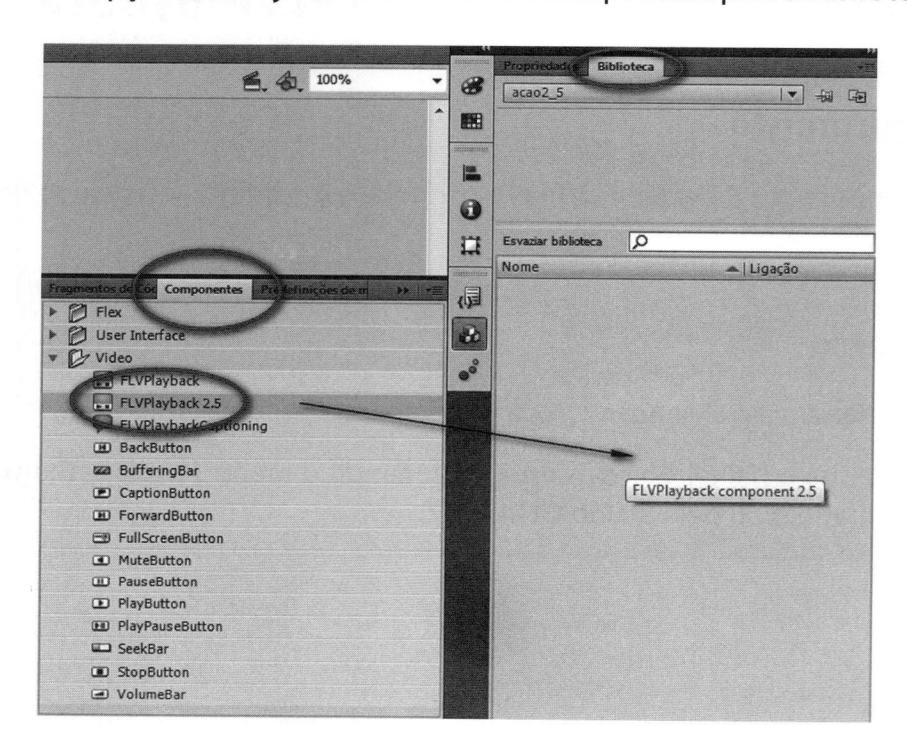

4. Para esta ação é preciso importar a classe `FLVPlayback` que está no pacote `fl.video`. Digite no painel Ações (F9):

```
import fl.video.FLVPlayback;
```

5. Crie um objeto do tipo `FLVPlayback` com o nome **video**:

```
var video:FLVPlayback = new FLVPlayback();
```

6. Defina o endereço do arquivo de vídeo (`source`) e a localização do *player* no **Palco**. Digite:

```
video.source = "video/video.flv";
video.x=50;
video.y=50;
```

7. Escolha um **skin** (visualização) para o *player* digitando :

```
video.skin = 
"video/SkinOverPlayStopSeekMuteVol.swf";
```

> **Observação**
>
> O arquivo **SkinOverPlayStopSeekMuteVol.swf** está disponível no endereço marcado no código (aplicações > cap5 > iniciais > video). Mais modelos de *skins* estão disponíveis na pasta de instalação do Adobe FLASH CS5, geralmente localizada neste diretório:
>
> *Program Files\Adobe\Adobe Flash CS5\Common\Configuration\FLVPlayback Skins\ActionScript 3.0*

8. Configure o **skin**:

```
video.autoPlay=false;
video.skinAutoHide=true;
video.skinBackgroundColor = 0xFF0000;
video.skinBackgroundAlpha = 0.5;
```

Entenda os parâmetros:

`autoPlay` - reprodução automática;

`skinAutoHide` - ocultar automaticamente os controles;

`skinBackgroundColor` - cor de fundo em valores hexadecimais;

`skinBackgroundAlpha` - transparência (0 a 1).

> **Saiba mais**
>
> Controle de reprodução de vídeo externo com o ActionScript e o componente FLVPlayback http://tiny.cc/as3_FLVPlayback

9. Adicione o objeto vídeo à lista de exibição pelo método `addChild` para mostrá-lo no **palco**:

```
addChild(video);
```

10. Acione **Ctrl + Enter** para testar o arquivo. Para visualizar o *skin* é preciso passar o mouse por cima do vídeo.

11. Salve o arquivo na sua pasta de trabalho escolhendo a opção **Arquivo > Salvar** ou acionando as teclas **Ctrl + S**.

Script

```
import fl.video.FLVPlayback;

var video:FLVPlayback = new FLVPlayback();


video.source = "video/video.flv";

video.x = 50;

video.y = 50;


video.skin =
"video/SkinOverPlayStopSeekMuteVol.swf";

video.autoPlay = false;

video.skinAutoHide = true;

video.skinBackgroundColor = 0xFF0000;

video.skinBackgroundAlpha = 0.5;


addChild(video);
```

Ação 3.5 – Exibir vídeo da câmera do usuário

Argumento

A classe `Camera` e o método `getCamera()` permitem captura de vídeo da câmera ou *webcam* do sistema do usuário.

A classe `Video` mostra o vídeo localmente e, no caso de transmissão ou distribuição deste vídeo para o Flash Media Server (não será abordado este assunto neste livro), são necessárias as classes `NetConnection` e `NetStream`.

Saiba mais: *Adobe Flash Media Server Family : http://www.adobe.com/products/flashmediaserver (em inglês)*

O método `attachCamera()` anexa o vídeo capturado ao objeto `Video`.

O método `setMode()` define o modo de captura da câmera. Seus principais parâmetros são:

- `Width` – largura do vídeo em pixels (valor padrão: 160).
- `height` – altura do vídeo em pixels (valor padrão: 120).
- `fps` – taxa de quadros (*framerate*) em quadros por segundo (valor padrão: 15).

Roteiro

1. Abra o arquivo **acao3_5** da pasta aplicações > iniciais > cap5.

2. Note que no **Palco** existe um botão com nome de ocorrência **botao_fechar** cuja função será fechar a visualização do vídeo. A borda de cor azul clara tem apenas a função estética.

3. Clique no primeiro quadro da camada **ações** e acione a tecla **F9** para abrir o painel **Ações.**

4. Crie uma ocorrência da classe Camera com o nome **camera** que capturará o vídeo pelo método getCamera(). Digite:

```
var camera:Camera = Camera.getCamera();
```

5. Configura a exibição (largura, altura e taxa de quadros) digitando:

```
camera.setMode(320,240,24);
```

6. Crie um objeto Video com o nome **video** que receberá a imagem da câmera (attachCamera) digitando:

```
var video:Video = new Video();
video.attachCamera(camera);
```

7. Permita a visualização no **Palco** pelo método addChild() digitando:

```
addChild(video);
```

8. Posicione (eixos X e Y) o objeto **video**:

```
video.x=160;
video.y=120;
```

9. O botão **fechar** remove o objeto vídeo pelo método removeChild(). Digite o ouvinte e a função fechar:

```
botao_fechar.addEventListener(MouseEvent.CLICK, fechar);
function fechar(evento:MouseEvent):void {
removeChild(video);
}
```

10. Acione **Ctrl + Enter** para testar o arquivo.

11. Permita o acesso à câmera clicando no botão **Allow**, conforme mostrado na figura a seguir.

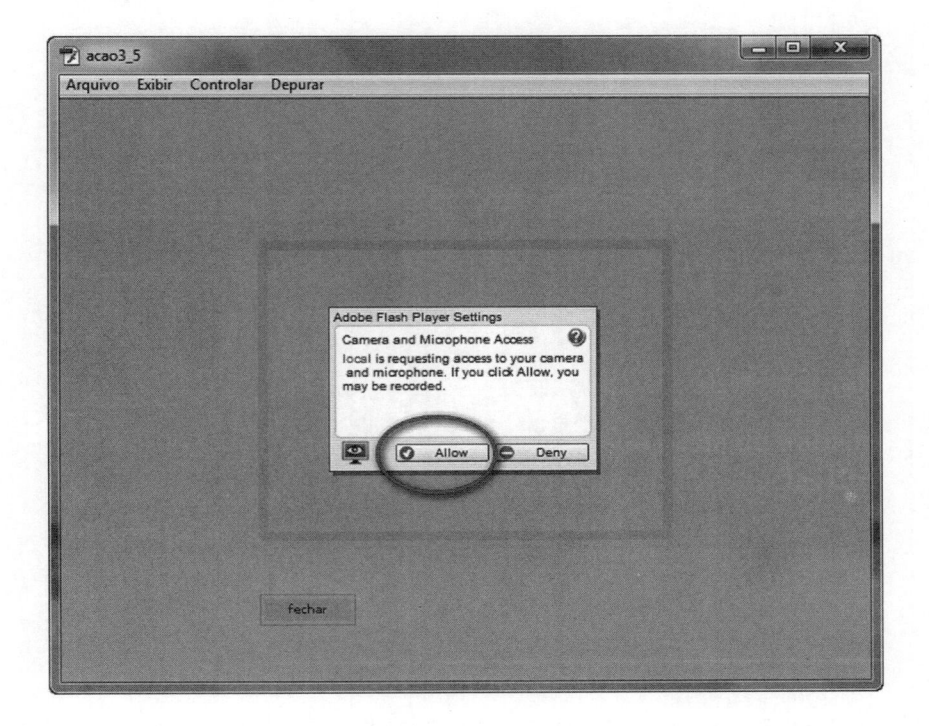

178 ActionScript 3.0

10. Clique no botão fechar para remover a visualização da câmera.

11. Salve o arquivo na sua pasta de trabalho escolhendo a opção **Arquivo > Salvar** ou acionando as teclas **Ctrl + S**.

Script

```
var camera:Camera = Camera.getCamera();

camera.setMode(320,240,24);


var video:Video = new Video();

video.attachCamera(camera);
```

```
addChild(video);

video.x = 160;

video.y = 120;


botao_fechar.addEventListener(MouseEvent.CLICK,
fechar);

function fechar(evento:MouseEvent):void

{

      removeChild(video);

}
```

Capítulo 6

Texto

Dentro do Adobe Flash CS5, o ActionScript 3.0 permite controlar textos de exibição e de inserção (digitados pelo usuário), além de carregar textos externos com formatação.

A possibildade da incorporação de textos externos proporciona maior flexiblidade na manutenção do conteúdo, que poderá ser editado e alterado sem a necessidade de alterações no arquivo.**fla**.

Ação 1.6 – Carregar um texto (formato TXT) externo

Argumento

No Adobe Flash CS5, os textos do tipo TLF (Text Layout Framework) permitem inúmeras possibilidade de formação que ficam ativas no painel **Propriedades** quando uma caixa de textos é selecionada:

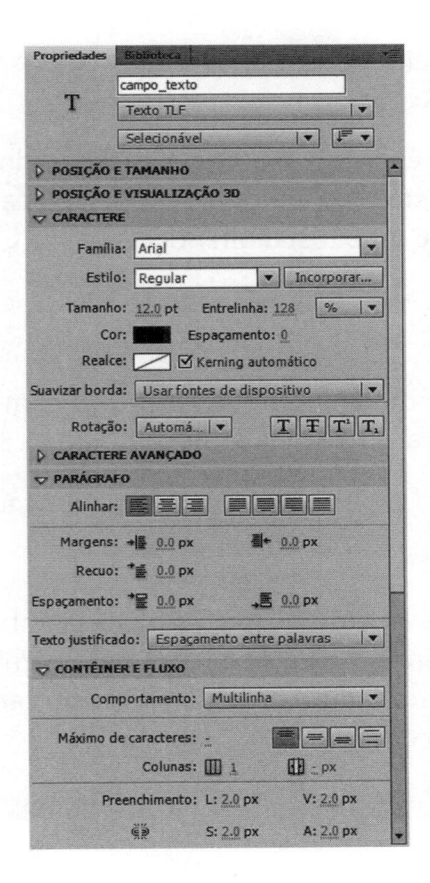

A classe `URLLoader` permite carregar dados de uma URL no formato de texto e de dados binários.

A propriedade `data` exibe os dados recebidos da operação de carregamento.

Roteiro

1. Abra o arquivo **acao1_6** da pasta aplicações > iniciais > cap6.

2. Note que no **Palco** existe um botão com nome de ocorrência **botao_carregar,** cuja função será carregar o arquivo de texto, e um campo de texto (linha tracejada) com nome de ocorrência **campo_texto**.

3. Clique no primeiro quadro da camada **ações** e acione a tecla **F9** para abrir o painel **Ações.**

4. Crie uma ocorrência com o nome **externo** do tipo `URLRequest`, cujo valor será **texto.txt** (arquivo que está localizado em aplicações > iniciais > cap6 > textos) digitando:

```
var externo:URLRequest = new URLRequest
("textos/texto.txt");
```

5. Crie um objeto do da classe `URLLoader` com o nome **carregador** que receberá o arquivo pelo método `load()` digitando:

```
var carregador:URLLoader = new URLLoader();

carregador.load(externo);
```

6. A estrutura de evento e função que você já trabalhou em muitas das atividades anteriores aqui é aplicada para permitir que a propriedade `data` exiba no campo de texto chamado **campo_texto** os dados que foram carregados:

```
botao_carregar.addEventListener(MouseEvent.CLICK,
carregar);

function carregar(evento:MouseEvent):void {

campo_texto.text = carregador.data;
}
```

7. Acione **Ctrl + Enter** para testar o arquivo. Clique no botão **carregar** para visualizar o arquivo de texto que foi carregado e perceba que o texto recebeu a formação (fonte, tamanho, margens, preenchimento) que foi predefinida no painel **Propriedades.**

8. Salve o arquivo na sua pasta de trabalho escolhendo a opção **Arquivo > Salvar** ou acionando as teclas **Ctrl + S**.

Script

```
var externo:URLRequest =
new URLRequest("textos/texto.txt");

var carregador:URLLoader = new URLLoader();

carregador.load(externo);

botao_carregar.addEventListener(MouseEvent.CLICK,
carregar);

function carregar(evento:MouseEvent):void

{

        campo_texto.text = carregador.data;

}
```

Ação 2.6 – Carregar um texto (formato TXT com formatação HTML) externo

Argumento

O ActionScript permite carregar textos no formato TXT com algumas *tags* básicas (<b>, <a>, <u>, <i>) de formatação HTML, como mostrado a seguir:

```
ActionScript
```

184 ActionScript 3.0

```
O <b>ActionScript</b> é a linguagem de programação
do Adobe Flash Player e do <a href="http://www.
adobe.com/br/products/air/"><u>Adobe AIR</u></a>.

Quando você controla ou interage com uma animação
construída em flash na web <i>(e que portanto
necessita do Adobe Flash Player para funcionar) </i>,
isto é possível graças ao <b>ActionScript</b>.

Enquanto o Adobe Flash Player é mais utilizado
para receber aplicações web, o Adobe AIR é
indicado para aplicações do tipo desktop, com
execução pelo sistema operacional.
```

Roteiro

1. Abra o arquivo **acao2_6** da pasta aplicações > iniciais > cap6.

2. Note que no **Palco** existe um botão com nome de ocorrência **botao_carregar,** cuja função será carregar o arquivo de texto, e um campo de texto com nome de ocorrência **campo_texto**.

3. Clique no primeiro quadro da camada **ações** e acione a tecla **F9** para abrir o painel **Ações**. Digite ou copie o mesmo código da ação anterior, apenas alterando a propriedade `text` para `htmlText` dentro da função **carregar**, como mostrado abaixo:

```
function carregar(evento:MouseEvent):void {

campo_texto.htmlText = carregador.data;
}
```

Observação: Não esqueça de alterar na primeira linha do código o nome do arquivo de texto que será carregado para **texto_com_html.txt,** que é um texto com formatação HTML.

4. Acione **Ctrl + Enter** para testar o arquivo. Clique no botão **carregar** para visualizar o arquivo de texto com formatação HTML que foi carregado.

5. Salve o arquivo na sua pasta de trabalho escolhendo a opção **Arquivo > Salvar** ou acionando as teclas **Ctrl + S**.

Script

```
var externo:URLRequest =
new URLRequest("textos/texto_com_html.txt");

var carregador:URLLoader = new URLLoader();


carregador.load(externo);


botao_carregar.addEventListener(MouseEvent.CLICK,
carregar);

function carregar(evento:MouseEvent):void

{

        campo_texto.htmlText = carregador.data;

}
```

Ação 3.6 – Carregar um arquivo XML externo

Argumento

Tal como o HTML, o XML (e**X**tensible **M**arkup **L**anguage) é uma linguagem de marcação que armazena e descreve dados e permite a transferência destes entre diferentes sistemas de uma forma estruturada, na qual você pode criar as suas próprias *tags*. Veja como é estruturado um arquivo XML:

```xml
<?xml version="1.0" encoding="utf-8"?>

<cardapio>

  <segunda>Virado à Paulista</segunda>

  <terca>Dobradinha</terca>

  <quarta>Feijoada</quarta>

  <quinta>Massa</quinta>

  <sexta>Peixe</sexta>

  <sabado>Feijoada </sabado>

</cardapio>
```

Saiba mais

Noções básicas sobre XML: http://tiny.cc/as3_XML

A classe XML possui métodos e propriedades para manipular objetos XML que permitem representar, por exemplo, uma instrução de processamento de código ou elementos de texto de um arquivo no formato XML.

Roteiro

1. Abra o arquivo **acao3_6** da pasta aplicações > iniciais > cap6.

2. Note que no **Palco** existe um botão com nome de ocorrência **botao_carregar,** cuja função será carregar o arquivo de texto no formato XML e 6 campos de texto com os seguintes nomes de ocorrência:

- campo_segunda;
- campo_terca;
- campo_quarta;
- campo_quinta;
- campo_sexta;
- campo_sabado.

3. Clique no primeiro quadro da camada **ações** e acione a tecla **F9** para abrir o painel **Ações.**

4. Crie um objeto XML, com o nome **xml_externo**, digitando:

```
var xml_externo:XML=new XML();
```

5. Crie o objeto **endereco** que carrega o arquivo **cardapio_prato_certo.xml** (pasta aplicações > iniciais > cap6 > textos) e o objeto **carregador,** como nas ações anteriores. Digite ou copie:

```
var endereco:URLRequest =
new URLRequest("textos/cardapio_prato_certo.xml");
var carregador:URLLoader = new URLLoader(endereco);
```

6. Adicione um ouvinte ao **botao_carregar** digitando:

```
botao_carregar.addEventListener(MouseEvent.CLICK,
carregar)
```

7. A função **carregar** permite o carregamento do arquivo XML externo e faz a correspondência entre cada item da lista `<cardapio>` do arquivo XML com o seu respectivo campo de texto no ActionScript. Digite ou copie:

```
function carregar(evento:MouseEvent):void
{
    xml_externo = XML(carregador.data);
    campo_segunda.text = xml_externo.segunda;
    campo_terca.text = xml_externo.terca;
    campo_quarta.text = xml_externo.quarta;
    campo_quinta.text = xml_externo.quinta;
    campo_sexta.text = xml_externo.sexta;
    campo_sabado.text = xml_externo.sabado;
}
```

8. Acione **Ctrl + Enter** para testar o arquivo e clique no botão **carregar** para visualizar o arquivo XML que foi carregado.

9. Salve o arquivo na sua pasta de trabalho, escolhendo a opção **Arquivo > Salvar** ou acionando as teclas **Ctrl + S**.

Script

```
var  xml_externo:XML=new  XML();

var  endereco:URLRequest =
new  URLRequest ("textos/cardapio_prato_certo.xml");

var  carregador:URLLoader = new URLLoader (endereco);

botao_carregar.addEventListener(MouseEvent.CLICK,
carregar)

function carregar(evento:MouseEvent):void

{

        xml_externo = XML(carregador.data);

        campo_segunda.text = xml_externo.segunda;

        campo_terca.text = xml_externo.terca;

        campo_quarta.text = xml_externo.quarta;

        campo_quinta.text = xml_externo.quinta;

        campo_sexta.text = xml_externo.sexta;

        campo_sabado.text = xml_externo.sabado;

}
```

Capítulo 7

Gráficos

Criar e manipular gráficos através de código confere ao seu projeto construído no Adobe Flash CS5 uma grande flexibilidade na concepção e produção, pois permite delegar ao ActionScript parte da criação visual.

As classes de elementos de exibição visual do ActionScript 3.0 são:

- `Shape` - utilizada para criar formas e desenhos.
- `Sprite` - utilizada para criar formas e desenhos, porém possui linha do tempo.
- `MovieClip` - utilizada para criar formas e desenhos, possui linha do tempo e todos os métodos e propriedades de um clipe de filme criado com ferramentas gráficas.

Ação 1.7 – Desenhar um retângulo

Argumento

Através dos métodos `graphics()` e `linestyle()` é possível definir vários parâmetros da borda de um objeto como espessura, cor, transparência e outros.

O método `lineStyle` permite uma combinação variada de formatos de linha através de seus parâmetros. Para conhecer todos eles você pode acessar a *Referência dos componentes e da linguagem do ActionScript 3.0*: http://tiny.cc/as3_linestyle

O método `drawRect()` é utilizado para desenhar retângulos e nele é definida a posição e o tamanho do gráfico.

Os métodos `beginFill()` e `endFill()` marcam respectivamente o início e o fim do preenchimento da forma, e o método `addchild()` adiciona a forma desenhada à lista de exibição, mostrando-a no palco.

O valor da cor é indicado por um número hexadecimal precedido de 0x, no formato "0xRRGGBB".

Roteiro

1. Abra um arquivo novo escolhendo a opção **Arquivo> Novo** ou pelo atalho **Ctrl+N**.
2. Escolha a opção ActionScript 3.0 na aba Geral e aperte **OK**.
3. Clique duas vezes na camada que se encontra na **Linha do Tempo** (normalmente **Camada 1**) para editar seu nome e altere para **ações**.
4. Clique no primeiro quadro da **Linha do Tempo** na camada **ações** para selecioná-lo.
5. Acione a tecla **F9** ou escolha **Janela > Ações** para abrir o painel **Ações**.
6. Clique dentro da janela Script para que o cursor do mouse fique ativo, indicando que você pode digitar neste local.
7. Crie um objeto da classe `Shape` com o nome **retângulo** digitando:

```
var retangulo:Shape = new Shape();
```

8. Defina os parâmetros do contorno desta maneira:
- espessura = 2 (em pixels);
- cor = 222222 (número hexadecimal);

- opacidade = 1 (valores entre 0 e 1).

Digite:

```
retangulo.graphics.lineStyle(2,0x222222,1);
```

9. Defina a cor (hexadecimal) e a opacidade do preenchimento (valores entre 0 e 1). Digite:

```
retangulo.graphics.beginFill(0xE7F2F6,1);
```

10. Defina a posição nos eixos X / Y, que são os dois primeiros, parâmetros e a largura / altura, que são os dois segundos parâmetros do objeto. Entenda como eles funcionam na figura a seguir:

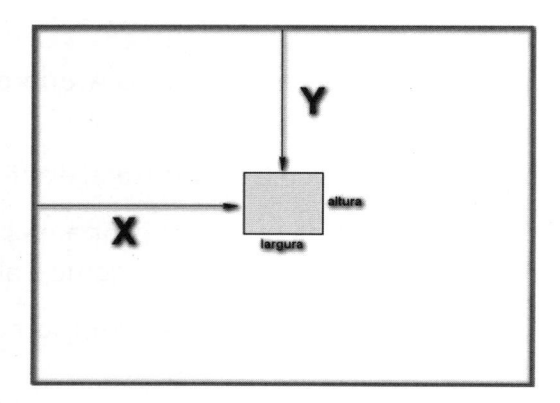

Digite:

```
retangulo.graphics.drawRect(270,200,100,80);
```

11. "Feche" a figura encerrando o preenchimento com o método

`graphics.endFill()`. Digite:

```
retangulo.graphics.endFill();
```

12. Permita a exibição do objeto no palco pelo método `addChild()` digitando:

```
addChild(retangulo);
```

13. Acione **Ctrl + Enter** para testar o arquivo.

14. Salve o arquivo na sua pasta de trabalho escolhendo a opção **Arquivo > Salvar** ou acionando as teclas **Ctrl + S**.

Script

```
var retangulo:Shape = new Shape();


retangulo.graphics.lineStyle(2,0x222222,1);

retangulo.graphics.beginFill(0xE7F2F6,1);

retangulo.graphics.drawRect(270,200,100,80);

retangulo.graphics.endFill();


addChild(retangulo);
```

Ação 2.7 – Desenhar um retângulo com cantos arredondados e transparência 50%

Argumento

O método `drawRoundRect()` permite a inclusão de mais um parâmetro: o raio de arredondamento do retângulo.

Roteiro

1. Abra um arquivo novo escolhendo a opção **Arquivo > Novo** ou pelo atalho **Ctrl+N**.

2. Escolha a opção ActionScript 3.0 na aba **Geral** e aperte **OK**.

3. Clique duas vezes na camada que se encontra na **Linha do Tempo** (normalmente **Camada 1**) para editar seu nome e altere para **ações**.

4. Clique no primeiro quadro da **Linha do Tempo** na camada **ações** para selecioná-lo.

5. Acione a tecla **F9** ou escolha **Janela > Ações** para abrir o painel **Ações**.

6. Clique dentro da janela Script para que o cursor do mouse fique ativo, indicando que você pode digitar neste local.

7. Copie ou digite o código da ação anterior alterando o valor da transparência para 0.5 e utilizando agora ao método `drawRoundRect()`, no qual o último parâmetro (30) representa o grau de arredondamento conhecido como *radius*:

```
retangulo.graphics.beginFill(0xE7F2F6,0.5);
retangulo.graphics.drawRoundRect(270,200,100,80,30);
retangulo.graphics.endFill();
```

8. Acione **Ctrl + Enter** para testar o arquivo.

9. Salve o arquivo na sua pasta de trabalho escolhendo a opção **Arquivo > Salvar** ou acionando as teclas **Ctrl + S**.

Script

```
var retangulo:Shape = new Shape();


retangulo.graphics.lineStyle(4,0x222222,1);

retangulo.graphics.beginFill(0xE7F2F6,0.5);

retangulo.graphics.drawRoundRect(270,200,100,80,
30);

retangulo.graphics.endFill();


addChild(retangulo);
```

Ação 3.7 – Desenhar um círculo

Argumento

O método `drawCircle()` permite a criação de círculos através do ActionScript. Seus parâmetros são: a posição nos eixos X e Y e a dimensão do seu raio.

Roteiro

1. Crie um objeto da classe `Shape` com o nome **círculo** digitando:

`var circulo:Shape = new Shape();`

2. Defina os parâmetros do contorno desta maneira:

- espessura = 2 (em pixels);
- cor = 222222 (número hexadecimal);
- opacidade = 1 (valores entre 0 e 1).

Digite:

```
circulo.graphics.lineStyle(2,0x222222,1);
```

3. Defina a cor (hexadecimal precedido de 0x) e a opacidade do preenchimento (valores entre 0 e 1). Digite:

```
circulo.graphics.beginFill(0xE7F2F6,1);
```

4. Defina a posição nos eixos X / Y, que são os dois primeiros parâmetros, e o valor do raio (terceiro parâmetro). Digite:

```
circulo.graphics.drawCircle(320,240,100);
```

5. "Feche" a figura encerrando o preenchimento com o método `graphics.endFill()`. Digite:

```
circulo.graphics.endFill();
```

6. Permita a exibição do objeto no palco pelo método `addChild()` digitando:

```
addChild(circulo);
```

7. Acione **Ctrl + Enter** para testar o arquivo.

8. Salve o arquivo na sua pasta de trabalho escolhendo a opção **Arquivo > Salvar** ou acionando as teclas **Ctrl + S**.

Script

```
var circulo:Shape = new Shape();

circulo.graphics.lineStyle(2,0x222222,1);

circulo.graphics.beginFill(0xE7F2F6,1);

circulo.graphics.drawCircle(320,240,100);

circulo.graphics.endFill();


addChild(circulo);
```

> **Observação**: Para desenhar uma elipse, o método drawEllipse() fornece, além da posição X / Y, a largura e altura do objeto, como mostrado no quadro a seguir **(Script extra)**.

Script extra (elipse)

```
var elipse:Shape = new Shape();

elipse.graphics.lineStyle(2,0x222222,1);

elipse.graphics.beginFill(0xE7F2F6,1);

elipse.graphics.drawEllipse(270,215,100,50);

elipse.graphics.endFill();
```

```
addChild(elipse);
```

Ação 4.7 – Desenhar e remover um retângulo através de um botão

Argumento

Nesta ação, utilizamos a classe `MovieClip` no lugar da classe `Shape` para poder empregar os seus métodos e propriedades controlados pela ação do mouse em um botão para exibir o retângulo e, no próprio retângulo, para removê-lo.

Roteiro

1. Abra o arquivo **acao4_7** da pasta aplicações > iniciais > cap7.
2. Note que no **Palco** existe um botão com nome de ocorrência **botao_desenhar,** cuja função será desenhar um clipe de filme no **Palco.**
3. Clique no primeiro quadro da camada **ações** e acione a tecla **F9** para abrir o painel Ações.
4. Crie um objeto clipe de filme com o nome **retângulo,** a partir da classe `MovieClip`, digitando:

```
var retangulo:MovieClip = new MovieClip();
```

5. Configure sua borda, cor, formato, posição e tamanho usando os mesmos parâmetros da ação 1.7, digitando ou copiando:

```
retangulo.graphics.lineStyle(3,0x222222,1);

retangulo.graphics.beginFill(0xE7F2F6,1);

retangulo.graphics.drawRect(270,200,100,80);
```

```
retangulo.graphics.endFill();
```

6. O evento no botão **botao_desenhar** chama a função **desenhar**:

```
botao_desenhar.addEventListener(MouseEvent.CLICK,
desenhar);
```

7. O evento no objeto **retangulo** chama a função **apagar**:

```
retangulo.addEventListener(MouseEvent.CLICK,
apagar);
```

8. O objeto **retangulo** precisa ser configurado no modo botão (`buttonMode`) **para que fique "clicável"**:

```
retangulo.buttonMode = true;
```

9. A função **desenhar** adiciona o objeto **retangulo** à lista de visualização, exibindo-o no **Palco** pelo método `addChild()`

```
function desenhar(evento:MouseEvent):void {
    addChild(retangulo);
}
```

10. A função **apagar** remove o objeto **retangulo** da lista de visualização pelo método `removeChild()`

```
function apagar(evento:MouseEvent):void {
removeChild(retangulo);
}
```

11. Acione **Ctrl + Enter** para testar o arquivo.

12. Salve o arquivo na sua pasta de trabalho escolhendo a opção **Arquivo > Salvar** ou acionando as teclas **Ctrl + S**.

Script

```
var retangulo:MovieClip = new MovieClip();


retangulo.graphics.lineStyle(3,0x222222,1);

retangulo.graphics.beginFill(0xE7F2F6,1);

retangulo.graphics.drawRect(270,200,100,80);

retangulo.graphics.endFill();

botao_desenhar.addEventListener(MouseEvent.CLICK,
desenhar);

retangulo.addEventListener(MouseEvent.CLICK,
apagar);

retangulo.buttonMode = true;

function desenhar(evento:MouseEvent):void

{

      addChild(retangulo);

}

function apagar(evento:MouseEvent):void

{

      removeChild(retangulo);

}
```

Ação 5.7 – Colorir um clipe de filme

Argumento

A classe `ColorTransform` permite alterar os valores de cor dos elementos visuais citados nos exemplos anteriores (`Shape`, `Sprite` e `MovieClip`).

Um novo valor para a propriedade `color` é visualizado quando um objeto `ColorTransform` é aplicado a uma ocorrência (objeto) no **Palco** pelo método `transform()`

Roteiro

1. Abra o arquivo **acao5_7** da pasta aplicações > iniciais > cap7.
2. Note que no **Palco** existem 4 botões com os respectivos nomes de ocorrência:

- **botao_vermelho;**
- **botao_verde;**
- **botao_azul;**
- **botao_limpar.**

3. Clique no primeiro quadro da camada **ações** e acione a tecla **F9** para abrir o painel **Ações**.
4. Crie um objeto da classe `Shape` com o nome **quadrado** digitando:

```
var quadrado:Shape = new Shape();
```

5. Defina suas propriedades (formato, cor, tamanho e posição) como mostradas a seguir:

```
quadrado.graphics.beginFill(0xF5F5F5,1);
```

```
quadrado.graphics.drawRect(75,75,100,100);

quadrado.graphics.endFill();
```

> **Observação:** Como não foi utilizado o método `lineStyle()`, a figura não possuirá borda (contorno).

6. Adicone o objeto ao **Palco**:

```
addChild(quadrado);
```

7. Crie um objeto do tipo `ColorTransform` com o nome **novacor** relacionando ao objeto **quadrado** pela propriedade `transform.colorTransform` digitando:

```
var novacor:ColorTransform =
quadrado.transform.colorTransform;
```

8. Para cada ocorrência dos botões vermelho, verde e azul, crie a correspondente função, que será responsável por alterar a cor do objeto e digite:

```
botao_vermelho.addEventListener(MouseEvent.CLICK,
vermelho);

botao_verde.addEventListener(MouseEvent.CLICK,
verde);

botao_azul.addEventListener(MouseEvent.CLICK,azul);
```

9. Para a ocorrência do botão limpar, crie a correspondente função que será responsável por alterar a cor do objeto, retornando à cor original. Digite:

```
botao_limpar.addEventListener(MouseEvent.CLICK,
limpar);
```

10. A função **vermelho** atribui ao objeto **novacor** a cor vermelha (FF0000) (colorTransform) e atribui este valor ao objeto **quadrado** pela propriedade transform.colorTransform. Digite:

```
function vermelho( evento:MouseEvent):void
{
novacor.color = 0xFF0000;
quadrado.transform.colorTransform = novacor;
}
```

11. A função **verde** atribui ao objeto **novacor** a cor verde (00FF00) e atribui este valor ao objeto **quadrado** pela propriedade transform.colorTransform. Digite:

```
function verde( evento:MouseEvent):void
{
novacor.color = 0x00FF00;
quadrado.transform.colorTransform = novacor;
}
```

12. A função **azul** atribui ao objeto **novacor** a cor azul (0000FF) e atribui este valor ao objeto **quadrado** pela propriedade transform.colorTransform. Digite:

```
function azul( evento:MouseEvent):void
{
novacor.color = 0x0000FF;
quadrado.transform.colorTransform = novacor;
}
```

13. A função **limpar** atribui ao objeto **novacor** a cor original do objeto **quadrado** (F5F5F5) e atribui este valor ao objeto **quadrado** pela propriedade `transform.colorTransform`. Digite:

```
function limpar( evento:MouseEvent):void
{
novacor.color = 0xF5F5F5;
quadrado.transform.colorTransform = novacor;
}
```

13. Acione **Ctrl + Enter** para testar o arquivo.
14. Salve o arquivo na sua pasta de trabalho escolhendo a opção **Arquivo > Salvar** ou acionando as teclas **Ctrl + S.**

Script

```
var quadrado:Shape=new Shape();

quadrado.graphics.beginFill(0xF5F5F5,1);

quadrado.graphics.drawRect(75,75,100,100);

quadrado.graphics.endFill();

addChild(quadrado);


var novacor:ColorTransform =
quadrado.transform.colorTransform;
```

```
botao_vermelho.addEventListener(MouseEvent.CLICK,
vermelho);

botao_verde.addEventListener(MouseEvent.CLICK,
verde);

botao_azul.addEventListener(MouseEvent.CLICK,
azul);

botao_limpar.addEventListener(MouseEvent.CLICK,
limpar);


function vermelho( evento:MouseEvent):void

{

        novacor.color = 0xFF0000;

        quadrado.transform.colorTransform =
novacor;

}

function verde( evento:MouseEvent):void

{

        novacor.color = 0x00FF00;

        quadrado.transform.colorTransform =
novacor;

}
```

```
function azul( evento:MouseEvent):void

{

      novacor.color = 0x0000FF;

      quadrado.transform.colorTransform = novacor;

}

function limpar( evento:MouseEvent):void

{

      novacor.color = 0xF5F5F5;

      quadrado.transform.colorTransform = novacor;

}
```

Ação 6.7 – Colorir um clipe de filme com o componente ColorPicker

Argumento

O componente **ColorPicker** permite que você escolha uma cor em seu painel e aplique-a em um objeto.

No pacote `fl.events` estão disponíveis as classes dos eventos específicos dos componentes, entre elas a classe `ColorPickerEvent,` que controla os eventos relacionados ao componente **ColorPicker**.

Roteiro

1. Abra o arquivo **acao6_7** da pasta aplicações > iniciais > cap7.

2. Note que no **Palco** existe um clipe de filme (quadrado vermelho) com o nome de ocorrência **quad**.

3. No menu **Janela**, escolha a opção **Componentes.**

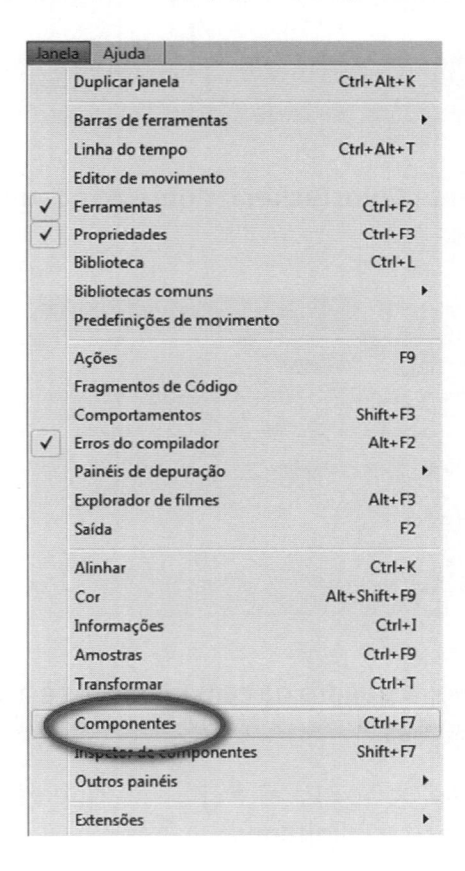

Janela	Ajuda	
	Duplicar janela	Ctrl+Alt+K
	Barras de ferramentas	▶
	Linha do tempo	Ctrl+Alt+T
	Editor de movimento	
✓	Ferramentas	Ctrl+F2
✓	Propriedades	Ctrl+F3
	Biblioteca	Ctrl+L
	Bibliotecas comuns	▶
	Predefinições de movimento	
	Ações	F9
	Fragmentos de Código	
	Comportamentos	Shift+F3
✓	Erros do compilador	Alt+F2
	Painéis de depuração	▶
	Explorador de filmes	Alt+F3
	Saída	F2
	Alinhar	Ctrl+K
	Cor	Alt+Shift+F9
	Informações	Ctrl+I
	Amostras	Ctrl+F9
	Transformar	Ctrl+T
	Componentes	**Ctrl+F7**
	Inspetor de componentes	Shift+F7
	Outros painéis	▶
	Extensões	▶

4. Dentro do painel **Componentes**, abra a subpasta **User Interface** (caso ela esteja fechada), clique na opção **ColorPicker** e arraste-a até o lado superior esquerdo do **Palco**, como mostrado na figura a seguir:

208 ActionScript 3.0

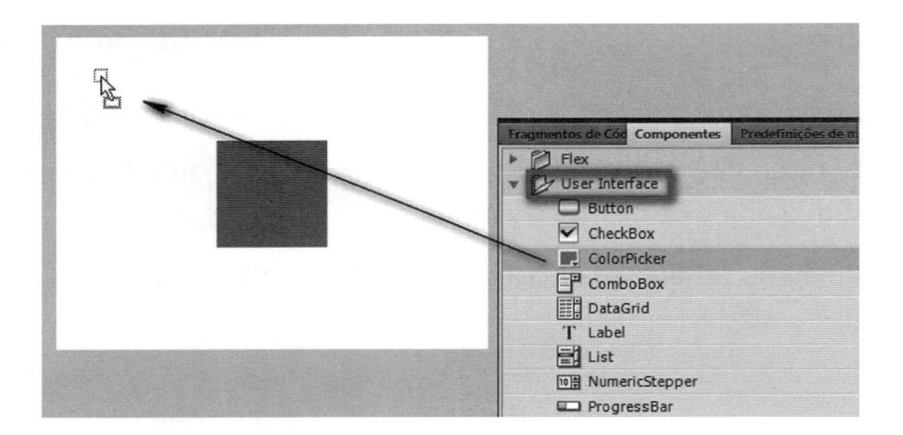

Atribua ao componente **ColorPicker** o nome de ocorrência **escolhecor** no painel **Propriedades**.

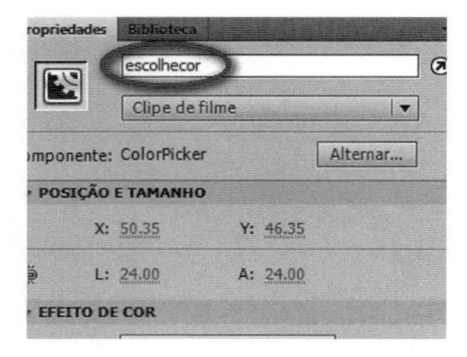

6. Clique no primeiro quadro da camada **ações** e acione a tecla **F9** para abrir o painel **Ações**.

7. Importe a classe `ColorPickerEvent` que está dentro do pacote pacote `fl.events` digitando:

```
import fl.events.ColorPickerEvent;
```

8. Cofigure o componente ColorPicker, cujo nome de ocorrência você marcou como **escolhecor**, para selecionar incialmente (`selectedColor`) a cor branca (FFFFFF), digitando:

```
escolhecor.selectedColor = 0xffffff;
```

9. Crie um objeto do tipo `ColorTransform` chamado **novacor** que aplicará a propriedade `transform.colorTransform` ao objeto **quad**:

```
var novacor:ColorTransform =
quad.transform.colorTransform;
```

10. Adicione um ouvinte no componente **escolhecor** que dispara a função **trocacor** quando acontece uma mudança de opção (`ColorPickerEvent.CHANGE`)

```
escolhecor.addEventListener(ColorPickerEvent.CHANGE,
trocacor);
```

11. A função **trocacor** define a cor do objeto `ColorTransform` como sendo a cor selecionada (`selectedColor`) e aplica esta cor ao objeto **quad**. Digite:

```
function trocacor(evento:ColorPickerEvent):void {
novacor.color = escolhecor.selectedColor;
quad.transform.colorTransform = novacor;
}
```

12. Acione **Ctrl + Enter** para testar o arquivo.

13. Salve o arquivo na sua pasta de trabalho escolhendo a opção **Arquivo > Salvar** ou acionando as teclas **Ctrl + S**.

Script

```
import fl.events.ColorPickerEvent;


escolhecor.selectedColor = 0xffffff;

var novacor:ColorTransform =
quad.transform.colorTransform;
```

```
escolhecor.addEventListener(ColorPickerEvent.CHANGE,
trocacor);


function trocacor(evento:ColorPickerEvent):void

{

        novacor.color = escolhecor.selectedColor;

        quad.transform.colorTransform = novacor;

}
```

Capítulo 8

Animação

A animação construída através do ActionScript é um elemento fundamental no funcionamento de aplicativos e jogos para web, pois o código permite um rigoroso controle do posicionamento das propriedades dos objetos animados no decorrer do processo, sem sobrecarregar a área de trabalho e a linha do tempo.

Ação 1.8 – Animação simples

Argumento

Eventos do tipo ENTER_FRAME são atualizados continuamente, ou seja, ficam em repetição. O número de repetições é a quantidade de quadros por segundo (taxa de quados ou FPS) que está configurada para o filme.

Roteiro

1. Abra o arquivo **acao1_8** da pasta aplicações > iniciais > cap8.
2. Note que existe um clipe de filme com o nome de ocorrência **carro**, localizado do lado esquerdo do **Palco**.
3. Clique no primeiro quadro da camada **ações** e acione a tecla **F9** para abrir o painel **Ações.**

4. Crie no clipe de filme **carro** um ouvinte para um evento do tipo ENTER_FRAME, que será responsável pela função **andar**.

```
carro.addEventListener(Event.ENTER_FRAME,andar);
```

5. A função **andar** altera a posição **X** do objeto **carro** somando 8 pixels à sua posição cada vez que ela se repete (neste caso, 24 vezes por segundo, que é a taxa de quadros padrão do Adobe Flash CS5). Digite:

```
function andar(evento:Event):void {
carro.x += 8;
}
```

6. Acione **Ctrl + Enter** para testar o arquivo.
7. Salve o arquivo na sua pasta de trabalho escolhendo a opção **Arquivo > Salvar** ou acionando as teclas **Ctrl + S**.

Script

```
carro.addEventListener(Event.ENTER_FRAME,andar);
function andar(evento:Event):void

{

carro.x += 8;

}
```

Ação 2.8 – Animação simples (rotação)

Argumento

Eventos do tipo ENTER_FRAME são atualizados continuamente, ou seja, ficam em repetição. O número de repetições é a quantidade de quadros por segundo (taxa de quadros ou FPS) que está configurada para o filme.

Roteiro

1. Abra o arquivo **acao2_8** da pasta aplicações > iniciais > cap8.
2. Note que no **Palco** existe clipe de filme com o nome de ocorrência **prato**.
3. Clique no primeiro quadro da camada **ações** e acione a tecla **F9** para abrir o painel **Ações**.
4. Crie no clipe de filme **prato** um ouvinte para um evento do tipo ENTER_FRAME, que será responsável pela função **girar**.

```
prato.addEventListener(Event.ENTER_FRAME,girar);
```

5. A função **girar** altera o ângulo (rotation) do objeto **prato** somando 10 graus à sua posição cada vez que ela se repete (neste caso, 24 vezes por segundo, que é a taxa de quadros padrão do Adobe Flash CS5). Digite:

```
function girar(evento:Event):void {
prato.rotation += 10;
}
```

6. Acione **Ctrl + Enter** para testar o arquivo.
7. Salve o arquivo na sua pasta de trabalho escolhendo a opção **Arquivo > Salvar** ou acionando as teclas **Ctrl + S**.

Script

```
prato.addEventListener(Event.ENTER_FRAME,girar);

function girar(evento:Event):void

{

prato.rotation += 10;

}
```

Ação 3.8 – Animação simples com interrupção

Argumento

O método `removeEventListener()` permite remover o ouvinte de um evento quando este não é mais necessário.

Roteiro

1. Abra o arquivo **acao3_8** da pasta aplicações > iniciais > cap8.
2. Note que existe um clipe de filme com o nome de ocorrência **carro** localizado do lado esquerdo do **Palco**.
3. Clique no primeiro quadro da camada **ações** e acione a tecla **F9** para abrir o painel **Ações.**
4. Posicione o objeto **carro** do lado de fora **Palco** utilizando um valor negativo para sua localização no eixo X. Digite:

```
carro.x = -150;
```

5. Crie no clipe de filme **carro** um ouvinte para um evento do tipo ENTER_FRAME, que será responsável pela função andar.

```
carro.addEventListener(Event.ENTER_FRAME,andar);
```

6. A função **andar** altera a posição **X** do objeto **carro** somando 8 pixels à sua posição cada vez que ela se repete (neste caso, 24 vezes por segundo, que é a taxa de quadros padrão do Adobe Flash CS5). Digite:

```
function andar(evento:Event):void {
carro.x += 8;
}
```

7. Inclua uma condição dentro da função **andar**: se a posição **x** do objeto **carro** for menor ou igual a 500 (em pixels no **Palco**), o ouvinte é removido. Digite dentro da função **andar**, logo abaixo da linha carro.x += 8;, desta maneira:

```
if (carro.x >= 500)
{
carro.removeEventListener(Event.ENTER_FRAME, andar);
}
```

8. Acione **Ctrl + Enter** para testar o arquivo.
9. Salve o arquivo na sua pasta de trabalho escolhendo a opção **Arquivo > Salvar** ou acionando as teclas **Ctrl + S**.

Script

```
carro.x = -150;

carro.addEventListener(Event.ENTER_FRAME, andar);

function andar(evento:Event)
```

```
{
        carro.x += 8;

        if (carro.x >= 500)

        {
carro.removeEventListener(Event.ENTER_FRAME, andar);

        }

}
```

Ação 4.8 – Animação com a classe Tween

Argumento

O uso da classe `Tween` (do pacote `transition`) na construção de animações via ActionScript possibilita mover, redimensionar e controlar a velocidade com que tudo isto ocorre (`easing`) nos clipes de filme.

Dentro do pacote `fl.transitions.easing` estão disponíveis várias classes que controlam a maneira como a animação se comporta, tornando-a mais realista através de efeitos de elasticidade, impacto, aceleração e desaceleração.

Classes do pacote `fl.transitions`:

- `Back`;

- Bounce;
- Elastic;
- None;
- Regular;
- Strong.

> **Saiba mais**
> *Classes do pacote* fl.transition *na Referência do ActionScript® 3.0 para Adobe Flash Professional CS5*: http://tiny.cc/as3_easing

Essas classes possuem três métodos em comum que configuram a maneira como agem no objeto:

- `easeIn`: define o efeito no começo da animação.
- `easeOut`: define o efeito no término da animação.
- `easeInOut`: define o efeito no começo e no término da animação.

A propriedade `framerate` permite configurar a taxa de quadros (FPS).

Roteiro

1. Abra o arquivo **acao4_8** da pasta aplicações > iniciais > cap8.
2. Note que no **Palco** existe um clipe de filme com o nome de ocorrência **prato.**
3. Clique no primeiro quadro da camada **ações** e acione a tecla **F9** para abrir o painel **Ações.**
4. Importe todas a classes do pacote `transitions` e do pacote `easing`. Digite:

```
import fl.transitions.*;
import fl.transitions.easing.*;
```

5. Defina a taxa de quadros da animação em 36 quadros por segundo digitando:

```
stage.frameRate = 36;
```

6. Configure a posição inicial do objeto **prato** com sendo sua posição atual no eixo y e a posição final como 400, criando as respectivas variáveis:

```
var posicao_inicio:Number = prato.y;
var posicao_fim:Number = 400;
```

7. Defina a duração da animação. A duração é um número que poderá ser configurado depois, como a quantidade de quadros ou um valor em segundos. Coloque 40, pois usaremos o número de quadros, como você verá nas próximas etapas:

```
var duracao:Number = 40;
```

8. Para criar a animação será utilizada uma ocorrência da classe `Tween`. Veja a ordem na qual seus parâmetros são configurados:

    a. O nome do objeto a ser animado – prato;

    b. O eixo onde ocorrerá o movimento – y;

    c. O tipo de comportamento - `Bounce.easeOut` ;

    d. A posição incial;

    e. A posição final;

    f. Unidade de medida de tempo (`true` para utilizar segundos e `false` para utilizar número de quadros) neste caso `false`.

```
var animacao:Tween = new Tween(prato, "y",
Bounce.easeOut, posicao_inicio, posicao_fim,
duracao, false);
```

9. A propriedade `looping` define se a animaçao irá se repetir (`true`) ou não (`false`). Configure para que aconteça a repetição:

```
animacao.looping = true;
```

10. Acione **Ctrl + Enter** para testar o arquivo.

11. Salve o arquivo na sua pasta de trabalho escolhendo a opção **Arquivo > Salvar** ou acionando as teclas **Ctrl + S**.

Script

```
import fl.transitions.*;

import fl.transitions.easing.*;

stage.frameRate = 36;


var posicao_inicio:Number = prato.y;

var posicao_fim:Number = 400;

var duracao:Number = 40;

var animacao:Tween = new Tween(prato,"y",
Bounce.easeOut,posicao_inicio,posicao_fim,
duracao,false);


animacao.looping = true;
```

Ação 5.8 – Animação (rotação) com a classe TransitionManager

Argumento

A classe `TransitionManager` permite que você configure efeitos de animação em forma de transição aos objetos do tipo clipe de filme.

O método `TransitionManager.start()` define, aplica e inicia os efeitos listados a seguir:

- `Blinds;`
- `Fade;`
- `Fly;`
- `Iris;`
- `Photo;`
- `PixelDissolve;`
- `Rotate;`
- `Squeeze;`
- `Wipe;`
- `Zoom.`

Saiba mais: Efeitos da classe TransitionManager na Referência do ActionScript® 3.0 para Adobe Flash Professional CS5: http://tiny.cc/as3_transitionmanager

Roteiro

1. Abra o arquivo **acao5_8** da pasta aplicações > iniciais > cap8.
2. Note que no **Palco** existe um clipe de filme com o nome de ocorrência **prato**.

3. Clique no primeiro quadro da camada **ações** e acione a tecla **F9** para abrir o painel **Ações.**

4. Importe todas a classes do pacote `transition` e do pacote `easing`. Digite:

```
import fl.transitions.*;
import fl.transitions.easing.*;
```

5. Crie uma ocorrência da classe `TransitionManager` com o nome **rotacao** no clipe de filme **prato**:

```
var rotacao:TransitionManager = new TransitionManager(prato);
```

6. O método `startTransition`, além de dar início à animação, configura os seus parâmetros:

   a. `type` - a classe aplicada;

   b. `direction` - efeito no começo (`Transition.IN`) ou no fim (`Transition.OUT`);

   c. `duration` - em segundos;

   d. `easing` - o tipo de comportamento como visto na ação anterior;

   e. `ccw` - `true` para sentido anti-horário e `false` para sentido horário;

   f. `degrees` - valor numérico ente 0 e 99999, medido em graus, da rotação:

```
rotacao.startTransition({type:Rotate,
direction:Transition.IN, duration:3,
easing:Strong.easeInOut, ccw:false, degrees:720});
```

7. Acione **Ctrl + Enter** para testar o arquivo.

8. Salve o arquivo na sua pasta de trabalho escolhendo a opção **Arquivo > Salvar** ou acionando as teclas **Ctrl + S.**

Script

```
import fl.transitions.*;

import fl.transitions.easing.*;

var rotacao:TransitionManager = new
TransitionManager(prato);

rotacao.startTransition({type:Rotate,
direction:Transition.IN, duration:3,
easing:Strong.easeInOut, ccw:false, degrees:720});
```

Ação 6.8 – Animação (zoom) com a classe TransitionManager acionada pelo mouse

Argumento

A classe `TransitionManager` permite que você configure efeitos de animação em forma de transição aos objetos do tipo clipe de filme. O método `TransitionManager.start()` define, aplica e inicia este efeitos.

Roteiro

1. Abra o arquivo **acao6_8** da pasta aplicações > iniciais > cap8.

2. Note que no **Palco** existe um clipe de filme com o nome de ocorrência **foto.**

3. Clique no primeiro quadro da camada **ações** e acione a tecla **F9** para abrir o painel **Ações.**

4. Importe todas a classes do pacote `transition` e do pacote `easing`. Digite:

```
import fl.transitions.*;
import fl.transitions.easing.*;
```

5. Configure o clipe de filme **foto** para se comportar como um botão:

```
foto.buttonMode = true;
```

6. Adicione um ouvinte ao clipe de filme **foto** para que, através do clique do mouse, seja disparada uma função chamada **ativar_zoom**:

```
foto.addEventListener(MouseEvent.CLICK,
ativar_zoom);
```

7. Crie uma ocorrência da classe `TransitionManager` com o nome **zoom** no clipe de filme **foto.**

```
var zoom:TransitionManager = new
TransitionManager(foto);
```

8. A função **ativar_zoom** inicia e configura a transição **zoom** que mostra tês parâmetros:

- `type;`
- `direction;`
- `easing.`

Digite:

```
function ativar_zoom(evento:MouseEvent):void
{
zoom.startTransition({type:Zoom,
direction:Transition.IN,durations:3,
easing:Elastic.easeOut});
}
```

9. Acione **Ctrl + Enter** para testar o arquivo e clique na imagem para visualizar o efeito **zoom**.

10. Salve o arquivo na sua pasta de trabalho, escolhendo a opção **Arquivo > Salvar** ou acionando as teclas **Ctrl + S**.

Script

```
import fl.transitions.*;

import fl.transitions.easing.*;


foto.buttonMode = true;

foto.addEventListener(MouseEvent.CLICK,
ativar_zoom);


var zoom:TransitionManager = new
TransitionManager(foto);


function ativar_zoom(evento:MouseEvent):void

{

zoom.startTransition({type:Zoom,
direction:Transition.IN,durations:3,
easing:Elastic.easeOut});

}
```

Parte IV
Workflow & Produtividade

Umas das maiores dificuldades daqueles que começam a trabalhar com ActionScript é conseguir aplicar os conceitos e a estrutura da linguagem dentro de situações reais do dia a dia, de forma a atender as necessidades do seu projeto.

Nesta parte do livro, você encontra algumas opções para iniciar e desenvolver seu projeto de maneira simples e eficiente ou para estudar e analisar outras possibilidades criativas do Adobe Flash CS5 e da linguagem ActionScript.

Como escolher o formato adequado

Ao escolher a opção **Arquivo > Novo** ou **Ctrl +N** você encontra a descrição de cada um dos formatos disponíveis no Adobe Flash CS5. Clicando apenas uma vez sobre cada opção é possível ler a respectiva descrição.

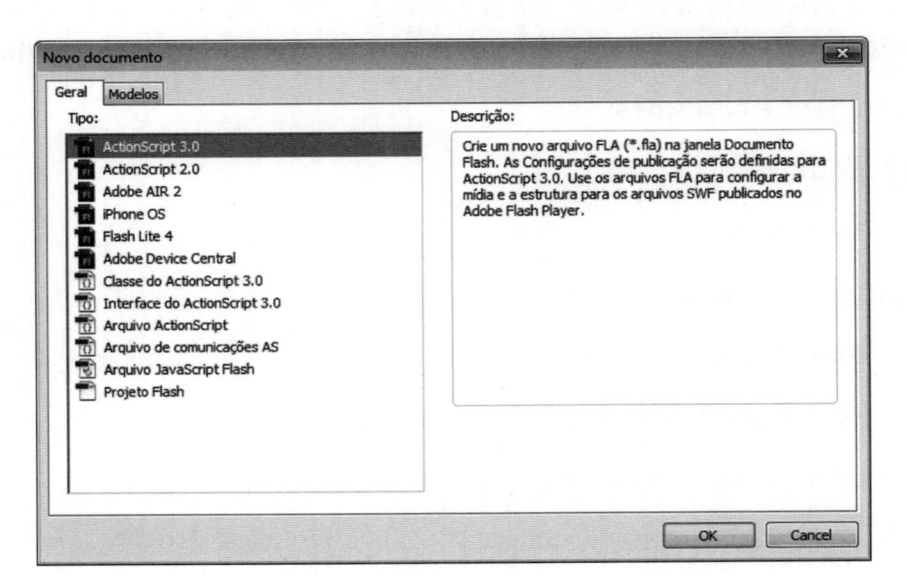

Como usar modelos (templates)

Na aba **Modelos** existe um grande número de modelos de documentos:

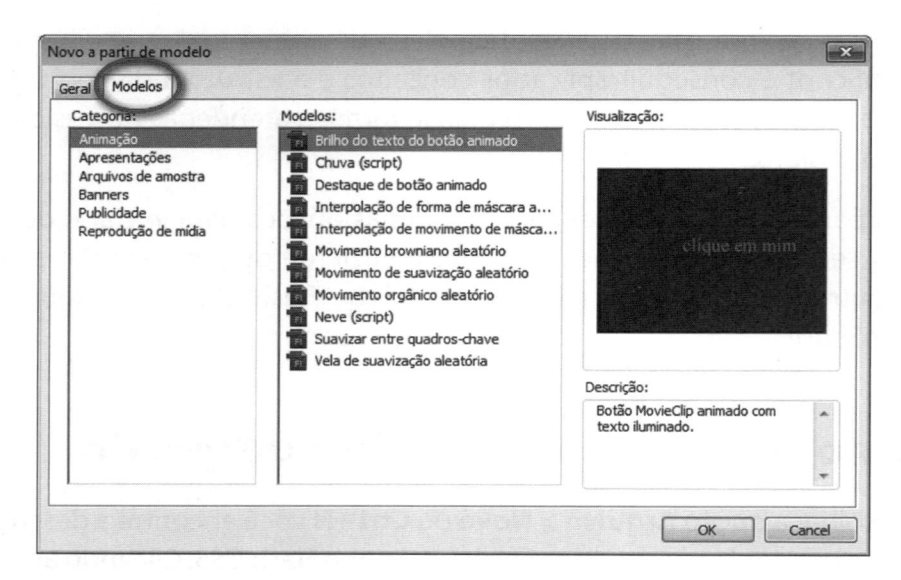

Entre todos esses modelos, vários deles possuem programação em ActionScript 3.0 embutida ou pré-configurada, como estes listados a seguir:

Na categoria **Animações**:

- Chuva (script).
- Neve (script).

Na categoria **Apresentações**:

- Apresentação avançada.
- Apresentação simples.

Na categoria **Arquivos de Amostras:**

- Amostra de arrastar e soltar.
- Amostra de contagem de data.

- Amostra de cursor personalizado.
- Amostra de máscara alfa (máscara via ActionScript).
- Amostra de botão alternar (para tocar/parar áudio).
- Amostra de menu.
- Pré-carregador de arquivo externo.
- Pré-carregador de SWF (*Preloader*).

Na categoria **Banners:**

- Botão simples AS3 160x600.

Na categoria **Reprodução de Mídia:**

- Álbum de fotos avançado (imagens externas carregadas via XML).
- Álbum de fotos simples (imagens embutidas no arquivo **.fla**).

> **Observação**: Esses modelos também podem ser encontrados na pasta de instalação do Adobe Flash CS5, normalmente em *Program Files > Adobe > Adobe Flash CS5 > pt_BR > Configuration > templates**
>
> *No caso da versão em português do Adobe Flash CS5 instalada em sistema operacional Windows.

Projetos

Ao lidar com trabalhos complexos ou com vários trabalhos simultâneos, você pode criar um **Projeto Flash** para agrupar e organizar os documentos relativos a cada trabalho a partir do menu **Arquivo > Novo,** no qual você escolhe a opção **Projeto Flash,** como mostrado nas próximas figuras:

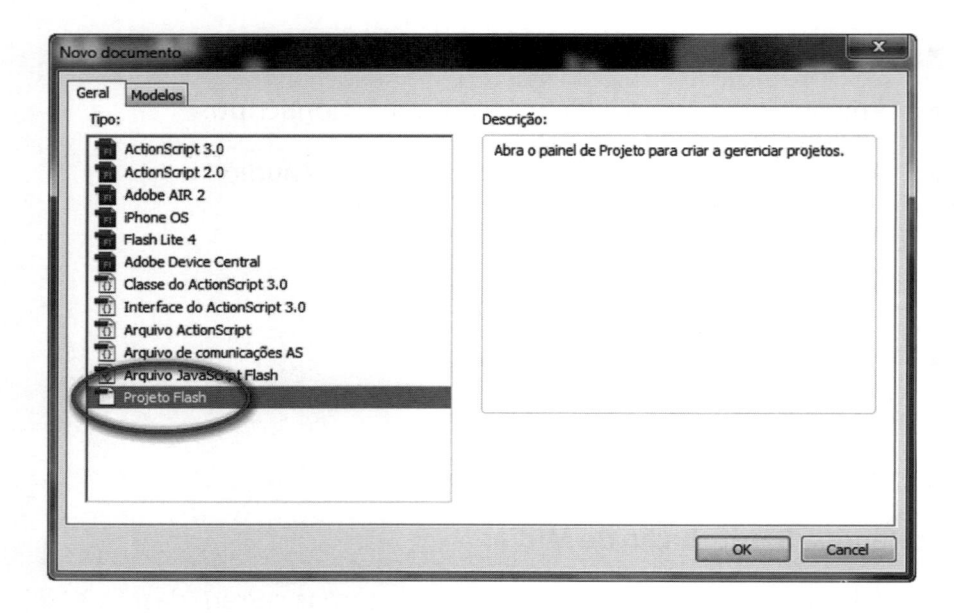

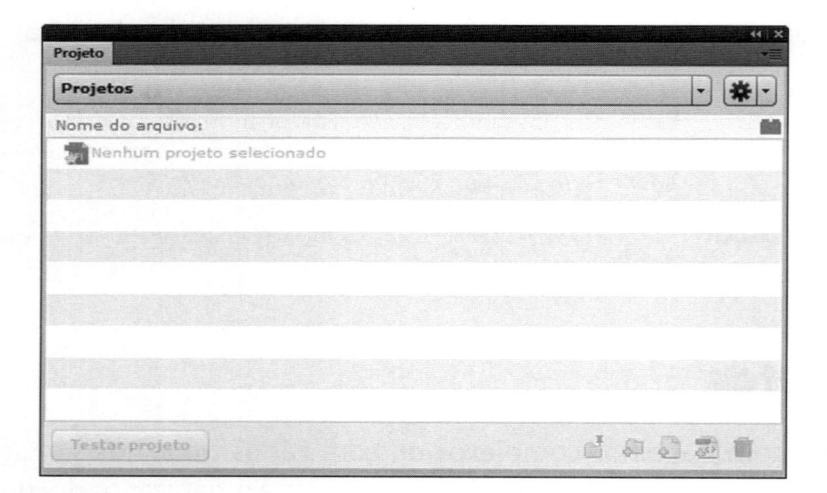

Se você estiver com um arquivo **.fla** aberto, é possível criar um projeto rápido a partir deste documento:

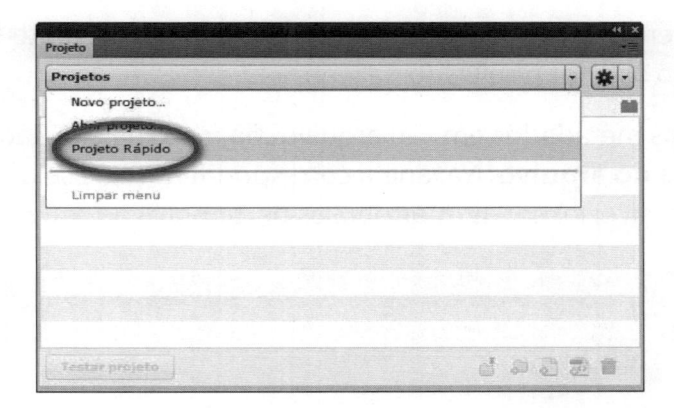

Um **Projeto Flash** mostra qualquer arquivo do Flash (incluindo versões antigas de arquivos **.fla** e **.swf**) ou de outros programas, além de permitir que você e/ou sua equipe gerencie de forma eficiente o fluxo do trabalho dentro do aplicativo.

Metadados

Informações importantes como título, autor, descrição e direitos autorais de um projeto podem ser adicionados no formato XMP *(Extensible Metadata Platform)*.

Estas informações podem ser lidas não só pelo Adobe Bridge (software de gerenciamento de mídia da Adobe), mas também pelos mecanismos de

232 ActionScript 3.0

busca da Internet, possibilitando indexar de maneira eficiente seu arquivo Flash quando este for publicado na web.

Para incluir os metadados em seu arquivo **.fla,** escolha a opção **Arquivo > Informações do arquivo.** Na janela correspondente que se abre (imagem a seguir é possível inserir as informações pertinentes ao seu projeto:

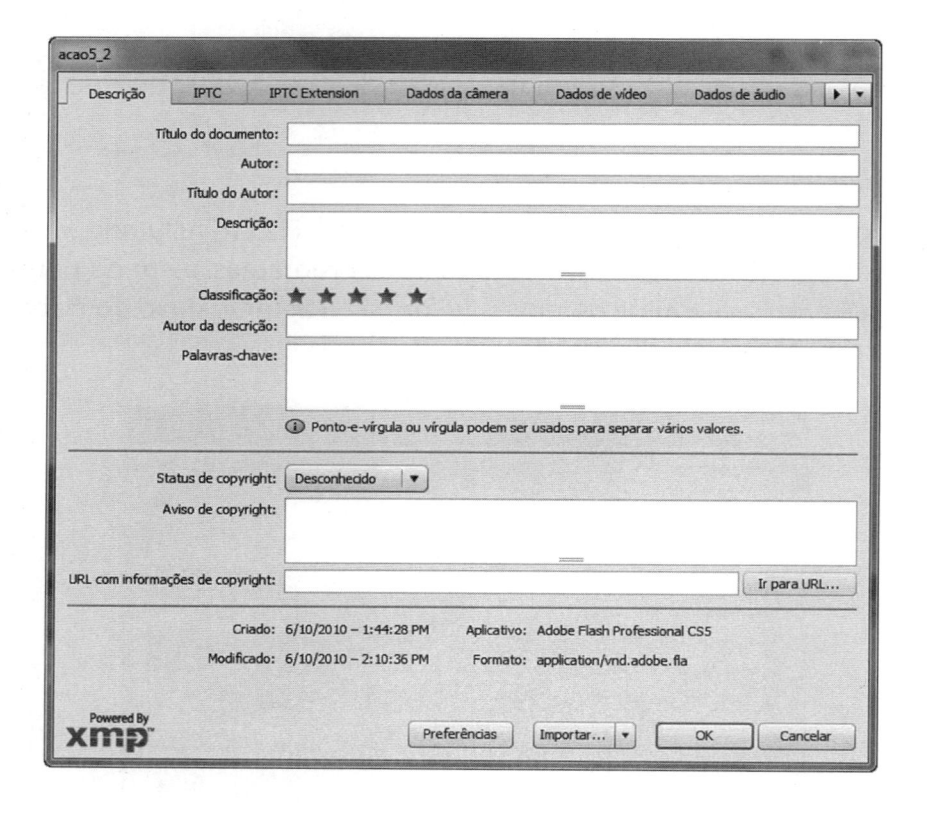

Saiba mais

Adobe Bridge CS5
http://www.adobe.com/br/products/creativesuite/bridge/

Adição de metadados XMP em um documento
http://tiny.cc/as3_metadados

Gerenciamento de documentos no Adobe Flash CS5
http://tiny.cc/as3_documentos

Copiar animação com ActionScript 3.0

Você pode copiar uma animação com interpolação de movimento de um objeto na linha do tempo e aplicá-la em outro objeto em outro arquivo, via ActionScript. Veja com fazê-lo:

1. Abra o arquivo **copiar_movimento** da pasta workflow > iniciais.
2. Clique em qualquer ponto da linha do tempo para selecioná-la.
3. No menu **Editar,** clique na opção **Linha do Tempo > Copiar movimento como ActionScript 3.0.**
4. Abra o arquivo **copiado** da pasta workflow > iniciais.
5. Clique no primeiro quadro da camada **anima** e acione a tecla **F9** para abrir o painel **Ações.**
6. Cole o conteúdo que foi copiado dentro da janela Script **(Ctrl + V).**
7. Selecione a última linha do código antes do fechamento das chaves, como mostrado na figura a seguir:

234 ActionScript 3.0

[Captura de tela do painel Ações mostrando o código com o trecho da linha 39 destacado:]

```
19    // remains the same for the rest of the frames.
20    __motion_objeto.addPropertyArray("x", [0,4.54478,9.28779,14.233,19.3
21    __motion_objeto.addPropertyArray("y", [0,8.84509,17.5877,26.2206,34.
22    __motion_objeto.addPropertyArray("scaleX", [1.000000]);
23    __motion_objeto.addPropertyArray("scaleY", [1.000000]);
24    __motion_objeto.addPropertyArray("skewX", [0]);
25    __motion_objeto.addPropertyArray("skewY", [0]);
26    __motion_objeto.addPropertyArray("rotationConcat", [0]);
27    __motion_objeto.addPropertyArray("blendMode", ["normal"]);
28    __motion_objeto.addPropertyArray("cacheAsBitmap", [false]);
29
30    // Create an AnimatorFactory instance, which will manage
31    // targets for its corresponding Motion.
32    var __animFactory_objeto:AnimatorFactory = new AnimatorFactory(__mot
33    __animFactory_objeto.transformationPoint = new Point(0.500000, 0.500
34
35    // Call the addTarget function on the AnimatorFactory
36    // instance to target a DisplayObject with this Motion.
37    // The second parameter is the number of times the animation
38    // will play - the default value of 0 means it will loop.
39    //   __animFactory_objeto.addTarget(<instance name goes here>, 0);
40    }
41
```

Linha 39 de 41, Col 5

8. Clique no ícone 🗔 localizado na barra superior do painel **Ações,** como mostrado na próxima figura, para remover o comentário do código.

[Captura de tela mostrando o tooltip "Remover comentário" sobre o ícone na barra de ferramentas do painel Ações.]

Troque o texto <instance name goes here> pelo nome da ocorrência de objeto que receberá a animação, neste caso o clipe de filme com o nome de ocorrência **copo**.

```
35        // Call the addTarget function on the AnimatorFactory
36        // instance to target a DisplayObject with this Motion.
37        // The second parameter is the number of times the animation
38        // will play - the default value of 0 means it will loop.
39        __animFactory_objeto.addTarget(copo, 0);
40   }
41
```

anima : 1
Linha 40 de 41, Col 2

10. Acione **Ctrl + Enter** para testar o arquivo.

11. Salve o arquivo na sua pasta de trabalho escolhendo a opção Arquivo > Salvar ou acionando as teclas **Ctrl + S**.

Observação

Se você ficou com dúvidas ou quer conferir o resultado, na pasta workflow > finalizados o arquivo **copiado.fla** contém o código já pronto.

Saiba mais

Copiar movimento como ActionScript 3.0 :
http://tiny.cc/as3_movimento

Carregador para site (Preloader)

Nas ações da seção **Atividades** do livro, você já viu várias possibilidades de carregadores para arquivos externos mas, neste caso, não se trata de arquivos externos, porém do próprio conteúdo do arquivo **.swf**.

Confira a seguir um modelo de carregador (preloader) adaptado do modelo oferecido pelo próprio Adobe Flash CS5. Veja como ele é construído:

1. Abra o arquivo **carregador_site** da pasta Workflow > finalizados.

236 ActionScript 3.0

2. No **Palco** existe um clipe de filme com a animação da palavra carregando e um campo de texto com o nome de ocorrência **campo_porcentagem**.

> **Observação**
> Este campo de texto foi formatado com **Texto Clássico** do tipo **Texto Dinâmico**, para que o Flash não tenha que carregar a biblioteca do **TLF** (Text Layout Framework).

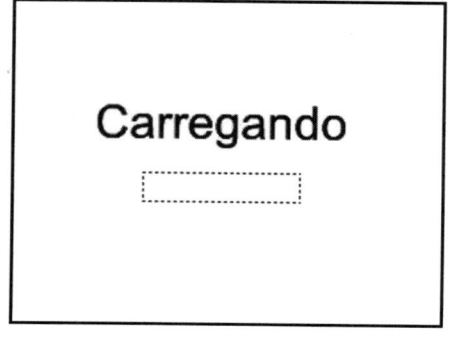

Carregando

3. No primeiro quadro da camada **ações** veja o código comentado:

```
stop(); // o filme é parado no primeiro quadro

/*um ouvinte para medir o progresso do carregamento
e outro para verificar quando ele foi finalizado*/

loaderInfo.addEventListener(ProgressEvent.PROGRESS, carregando);
loaderInfo.addEventListener(Event.COMPLETE, finalizado);

/*a função carregando que passa o valor dos bytes carregados para
o campo de texto campo_porcentagem*/

function carregando(evento:ProgressEvent):void
{
    var carregado:Number = evento.bytesLoaded / evento.bytesTotal;
    campo_porcentagem.text = Math.floor(carregado * 100) + "%";
}

/*quando o arquivo for carregado ( COMPLETE )
o filme vai para o quadro 2 que é conteúdo principal do filme*/
function finalizado(evento:Event):void
{
    gotoAndStop(2);
}
```

4. No quadro 2, o conteúdo do arquivo, neste caso, uma imagem.

5. Acione a tecla (**Ctrl + Enter**) e escolha a opção **Exibir > Simular download,** para que o Flash Player faça a simulação de baixar um arquivo da web.

Fragmentos de código

Fragmentos de Código (*Code Snippets* em inglês) são trechos de código do ActionScript 3.0 já configurados e prontos para serem usados.

Você também pode salvar um código seu (por exemplo, uma ação de uso frequente) e adicioná-lo como um fragmento de código.

O painel **Fragmentos de Código** pode ser acessado pelo menu **Janela > Fragmentos de Código.**

238 ActionScript 3.0

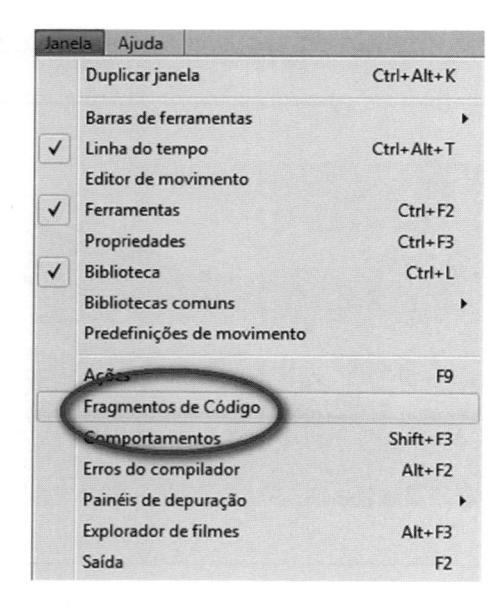

Com a área de trabalho do Adobe Flash CS5 no modo **Essenciais**, o painel **Fragmentos de Código** é visto assim:

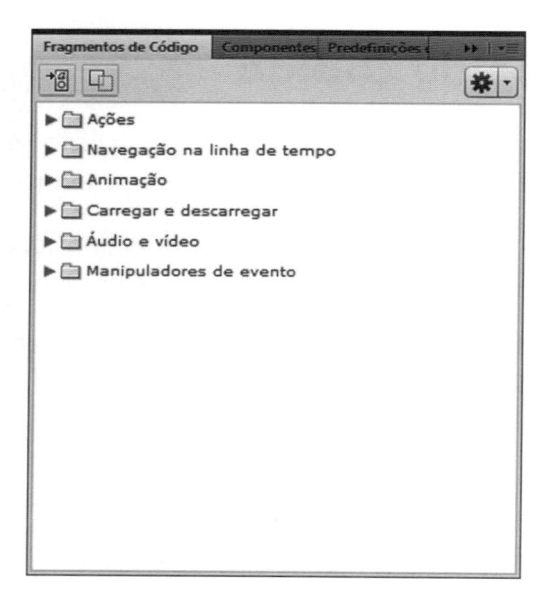

Dentro do painel **Ações** (F9) também existe um atalho para o painel **Fragmentos de Código:**

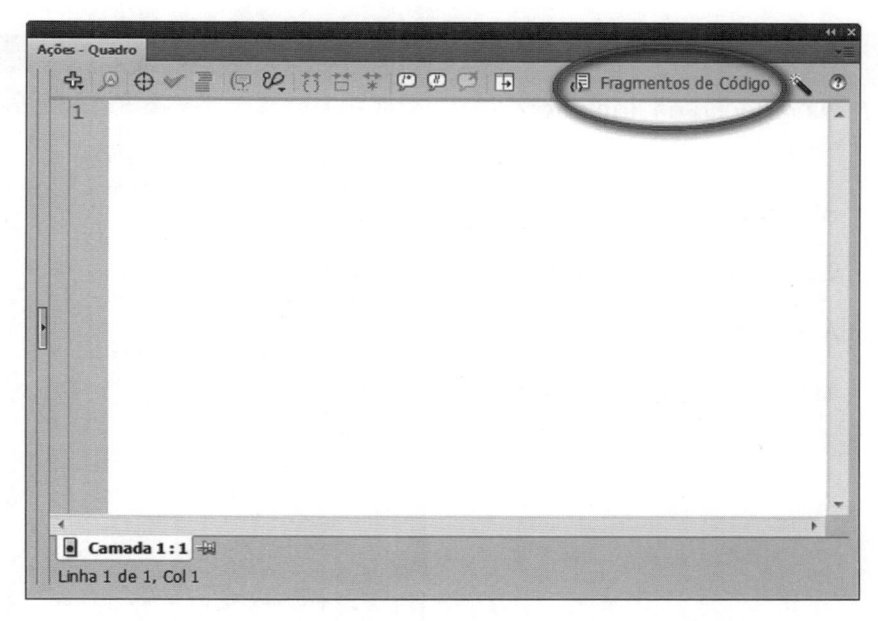

Os recursos mais usados para a construção de aplicativos simples estão disponíveis no painel **Fragmentos de Código,** agrupados em subpastas que possuem inúmeras opções:

- Ações.
- Navegação na linha do tempo.
- Animação.
- Carregar e descarregar.
- Áudio e Vídeo.
- Manipuladores de evento.

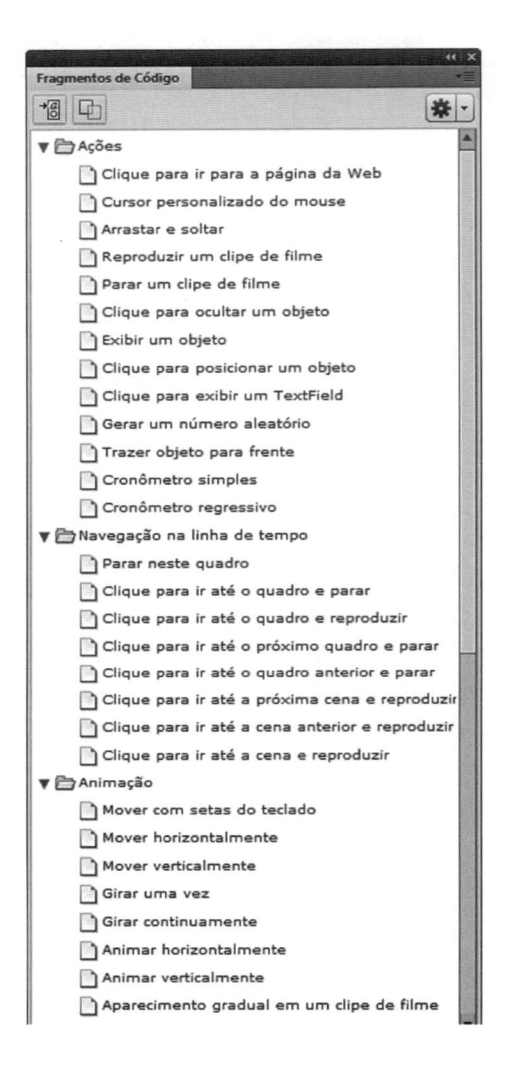

ActionScript externo

Você pode trabalhar com um arquivo ActionScript externo, recurso muito útil em equipes de trabalho onde desenvolvedores e designers podem compartilhar um mesmo projeto dentro de um mesmo fluxo de trabalho e de maneira independente.

Workflow & Produtividade 241

Outra possibilidade de uso é que um arquivo ActionScript externo pode ser aproveitado em diferentes trabalhos.

Um arquivo ActionScript tem a extensão **.as** e, para criá-lo, basta escolher a opção **Arquivo ActionScript** dentro da janela Novo Documento **(Crtrl + N)**.

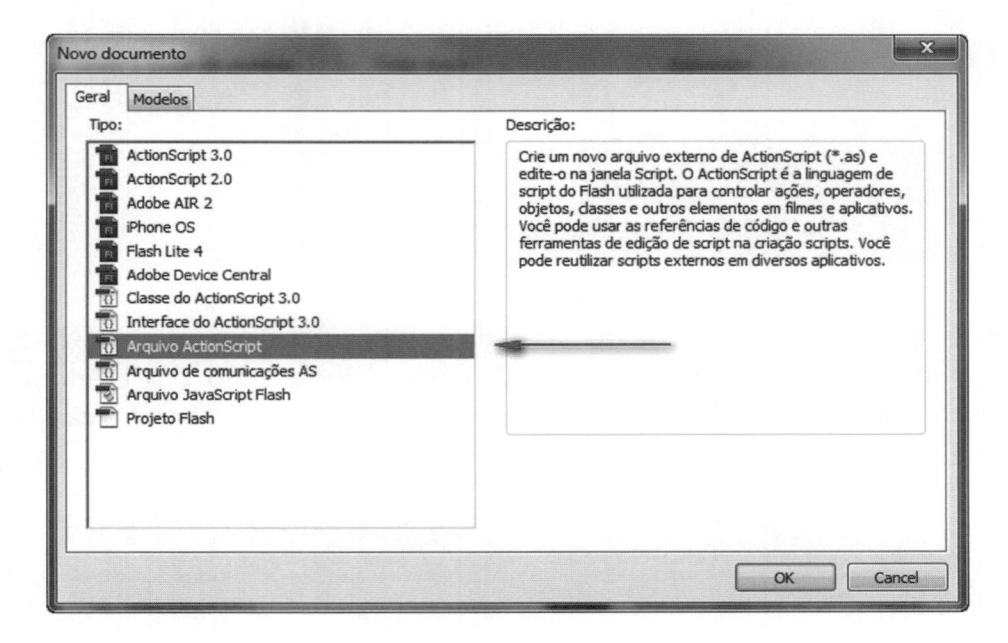

Uma janela de Script é aberta e você pode trabalhar do mesmo modo que trabalha na janela Script do painel **Ações**, com a única diferença de que vários outros painéis do Adobe Flash CS5 ficam inativos:

242 ActionScript 3.0

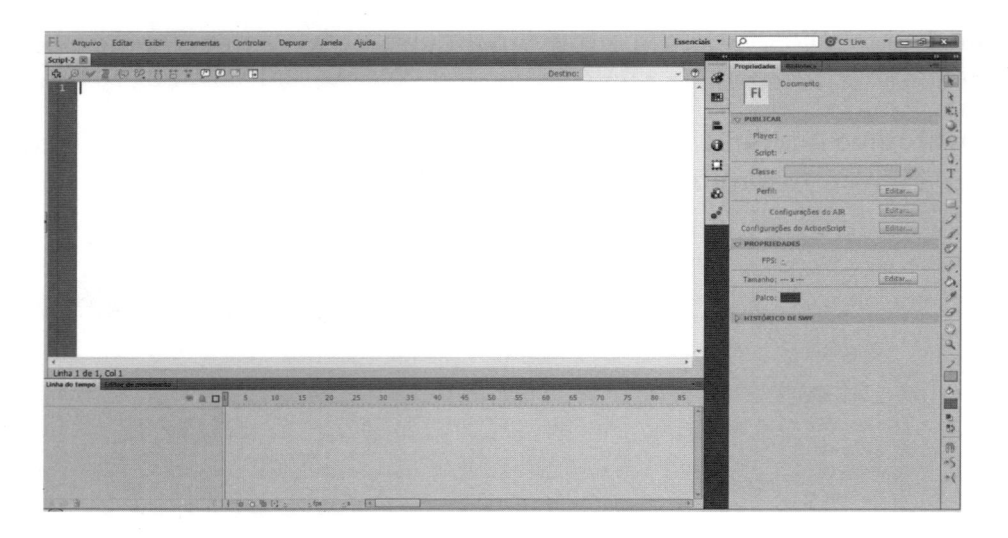

Após digitar ou copiar o código desejado, este arquivo deve ser salvo. Note que não é necessário incluir a extensão **(.as)** do documento, pois o Adobe Flash CS5 faz isso de forma automática. Não use espaços, acentos e caracteres especiais.

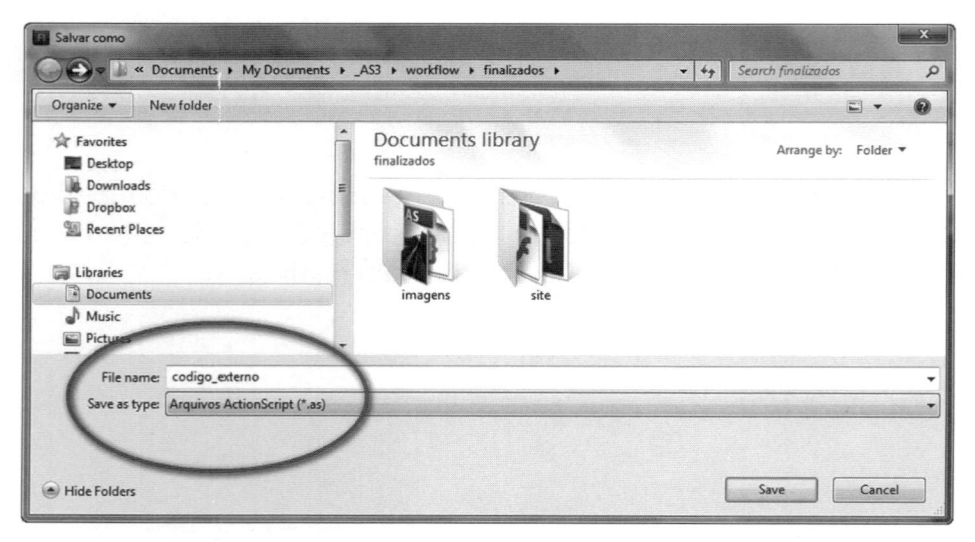

No documento **.fla,** que irá receber o código, é necessário que você digite no painel **Ações:**

```
include "codigo_externo.as";
```

A diretiva `include` anexa o documento **codigo_externo.as** (que deve ser digitado entre aspas) ao arquivo **.fla**.

Na pasta workflow > finalizados > externo, você encontra um exemplo do uso de ActionScript externo no qual o arquivo **mover_teclado.fla** recebe o arquivo de ActionScript externo **codigo_externo.as**.

Publicação e otimização

Ao trabalhar com ActionScript, é preciso estar atento às configurações do Flash Player e da versão da linguagem utilizada.

Em todos os exemplos mostrados neste livro foi empregada a linguagem ActionScript 3.0 para o Flash Player versão 10.

Estes parâmetros podem ser alterados na janela **Configurações de Publicação** (dentro da aba Flash) que pode ser acessada através do menu **Arquivo > Configurações de publicação** ou pelo atalho **Ctrl + Shift + F12**.

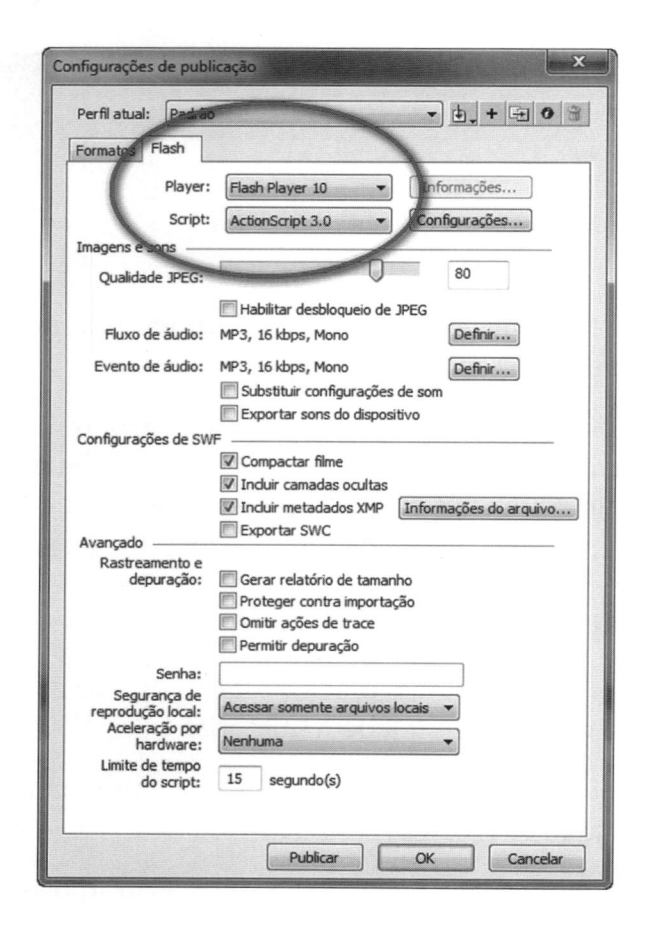

ActionScript 3.0 & dispositivos

Lançada durante a conclusão deste livro, a versão 10.1 do Adobe Flash Player é a primeira versão a permitir funcionalidade plena dos recursos Web (incluindo ActionSript3.0) para dispositivos como smartphones, netbooks, tablets, televisores e demais aparelhos com acesso à rede.

O Adobe Device Central, integrante da Creative Suite 5, é o software da Adobe que testa produção de conteúdo para celulares e dispositivos eletrônicos oferecendo suporte para as últimas versões Flash Player, HTML e ferramentas para emular todas as funcionalidades presentes nos dispositivos, desde navegação e recursos multimídia até localização geográfica, acelerômetro e multitouch (tela sensível ao toque).

Workflow & Produtividade 245

Saiba mais

Sobre o Adobe Device Central:
http://www.adobe.com/br/products/creativesuite/devicecentral/

Veja como trabalhar com ActionScript 3.0, dentro do Adobe Flash CS5, com o Adobe Device Central CS5 para criar um projeto adequado às especificações de um dispositivo de sua escolha.

1. Ao abrir um documento novo, escolha a opção **Adobe Device Central** aperte a tecla **OK**.

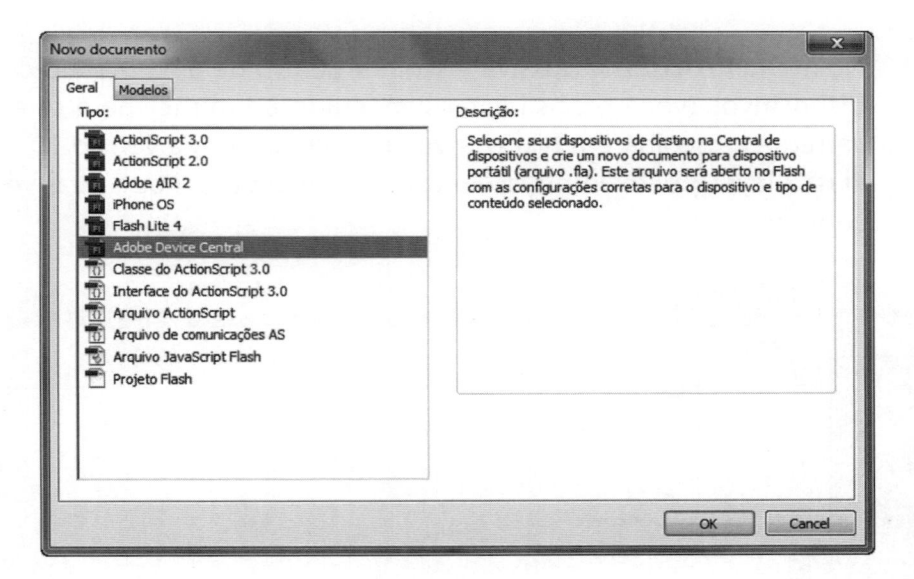

2. Uma janela do Adobe Device Central se abrirá, na qual já estão configuradas as versões do Player (10.1) e a versão da linguagem ActionScript 3.0. No menu **Tipo de Conteúdo** você pode definir o tipo de conteúdo que você deseja criar para a aplicação:

246 ActionScript 3.0

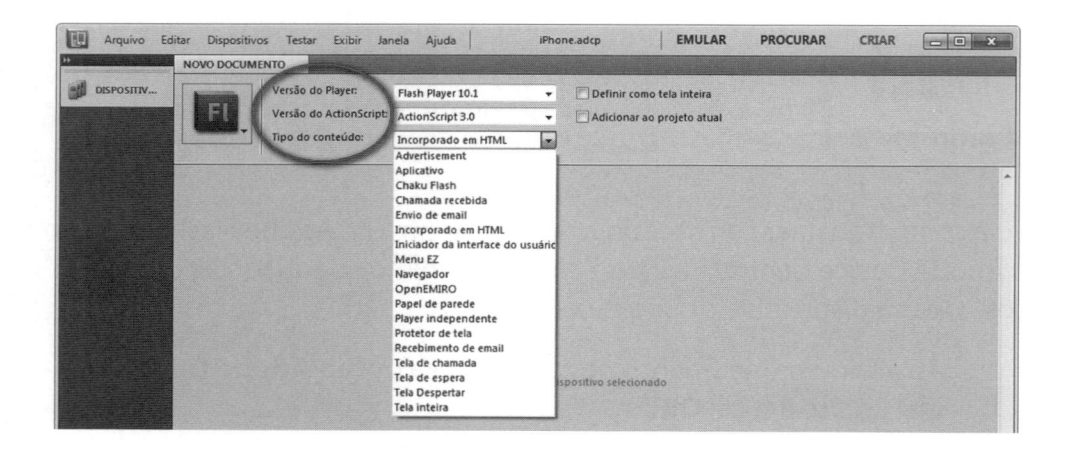

3. No menu **Procurar** é possível escolher dentro de uma biblioteca de dispositivos (você precisa estar conectado à Internet para que ela carregue). Escolha um dispositivo compatível com a versão 10.1 do Flash Player, por exemplo, o **Google Nexus One**, e clique duas vezes sobre ele.

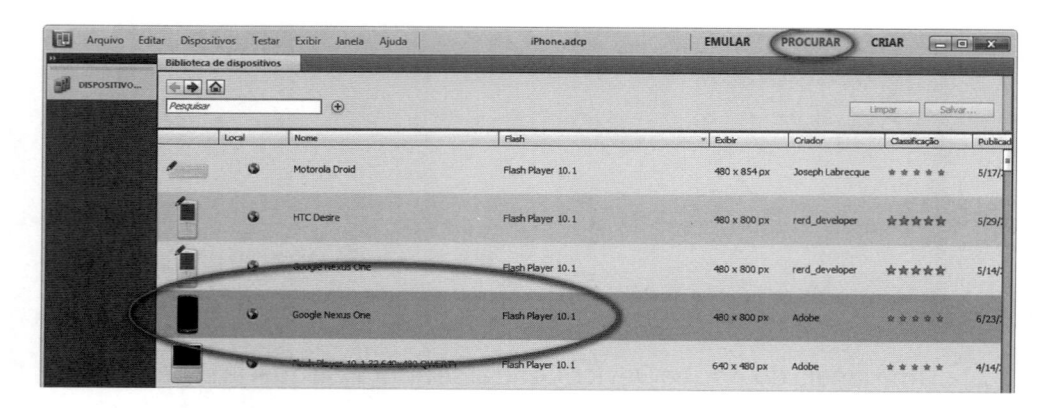

4. Todos os parâmetros do aparelho serão exibidos nos menus: Geral, Flash, Vídeo, Bitmap e Web.

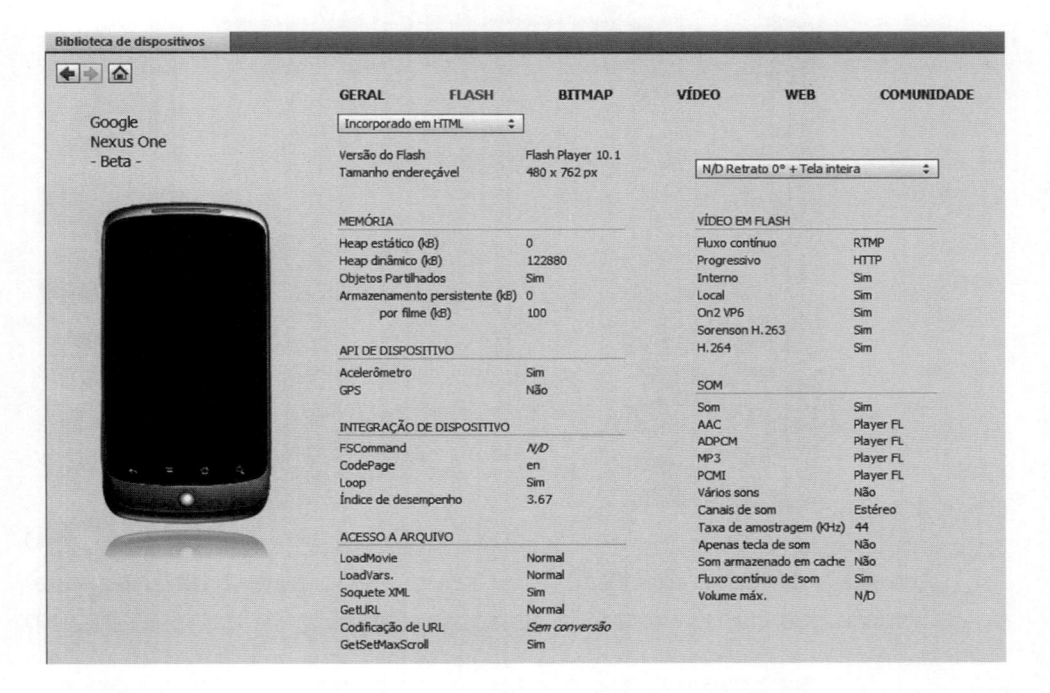

GERAL	FLASH	BITMAP	VÍDEO	WEB	COMUNIDADE

Google Nexus One - Beta -

Incorporado em HTML

Versão do Flash	Flash Player 10.1
Tamanho endereçável	480 x 762 px

N/D Retrato 0° + Tela inteira

MEMÓRIA

Heap estático (kB)	0
Heap dinâmico (kB)	122880
Objetos Partilhados	Sim
Armazenamento persistente (kB)	0
por filme (kB)	100

API DE DISPOSITIVO

Acelerômetro	Sim
GPS	Não

INTEGRAÇÃO DE DISPOSITIVO

FSCommand	N/D
CodePage	en
Loop	Sim
Índice de desempenho	3.67

ACESSO A ARQUIVO

LoadMovie	Normal
LoadVars	Normal
Soquete XML	Sim
GetURL	Normal
Codificação de URL	Sem conversão
GetSetMaxScroll	Sim

VÍDEO EM FLASH

Fluxo contínuo	RTMP
Progressivo	HTTP
Interno	Sim
Local	Sim
On2 VP6	Sim
Sorenson H.263	Sim
H.264	Sim

SOM

Som	Sim
AAC	Player FL
ADPCM	Player FL
MP3	Player FL
PCMI	Player FL
Vários sons	Não
Canais de som	Estéreo
Taxa de amostragem (KHz)	44
Apenas tecla de som	Não
Som armazenado em cache	Não
Fluxo contínuo de som	Sim
Volume máx.	N/D

5. Abra o painel **Dipositivos de Teste**, clicando sobre ele:

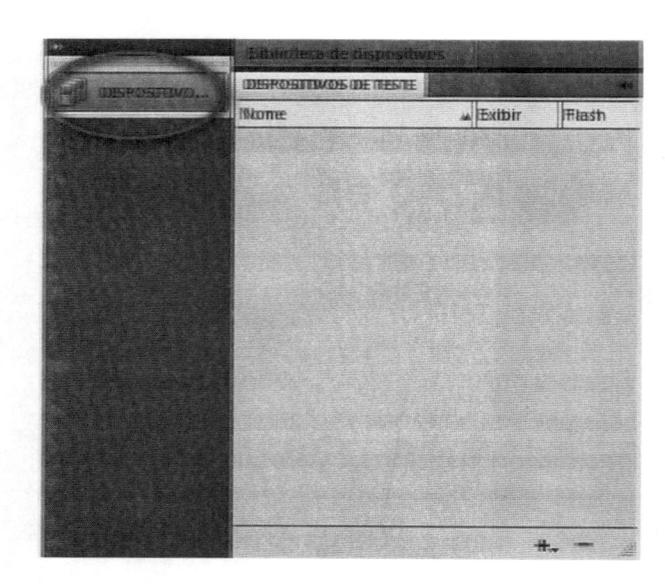

6. Arraste a amostra do dispositivo selecionado para a biblioteca de dispositivos, como mostrado na figura a seguir:

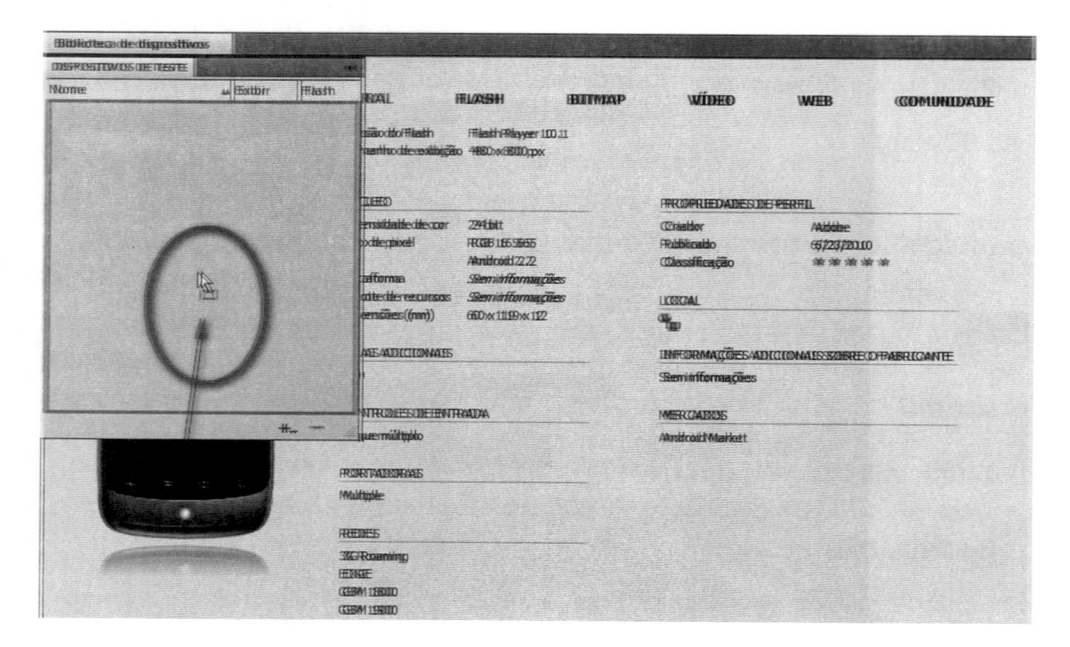

7. Clique sobre este novo item que foi adicionado à biblioteca de dispositivos para exibi-lo e aperte os botões **criar** no topo e, depois, na base da tela, como mostrado a seguir:

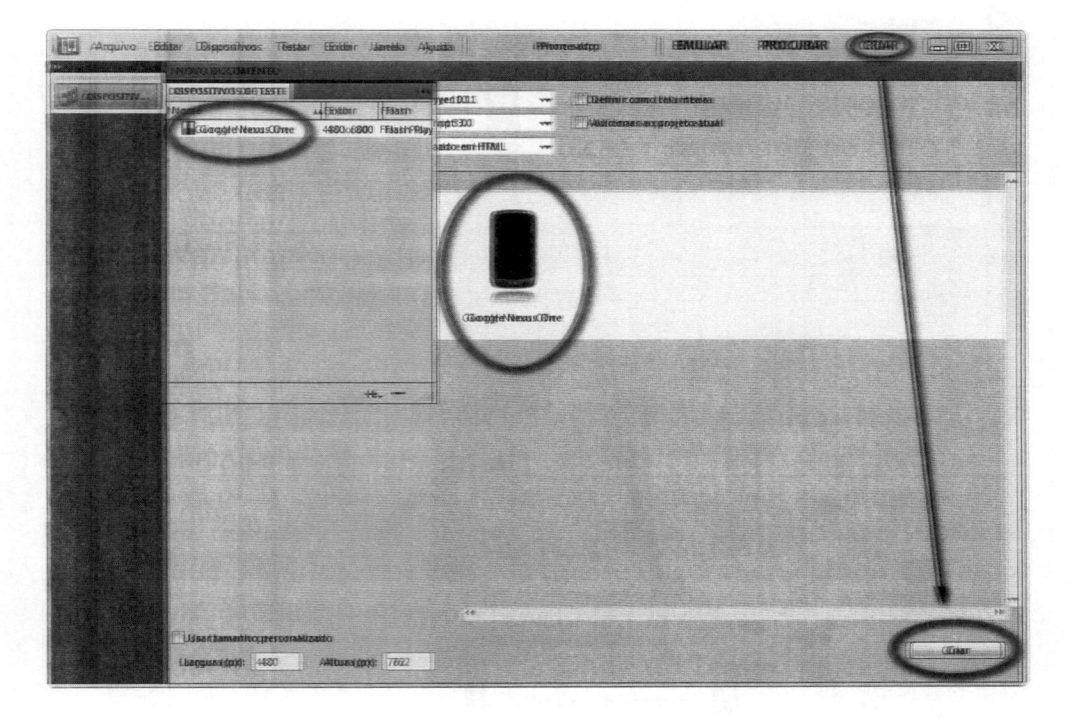

8. O Adobe Flash CS5 será exibido já com o documento aberto no formato compatível com o dispositivo escolhido, no qual você pode iniciar o seu projeto.

9. Para ver um exemplo pronto, volte para o Adobe Device Central e escolha a opção **Arquivo > Abrir Arquivo**.

250 ActionScript 3.0

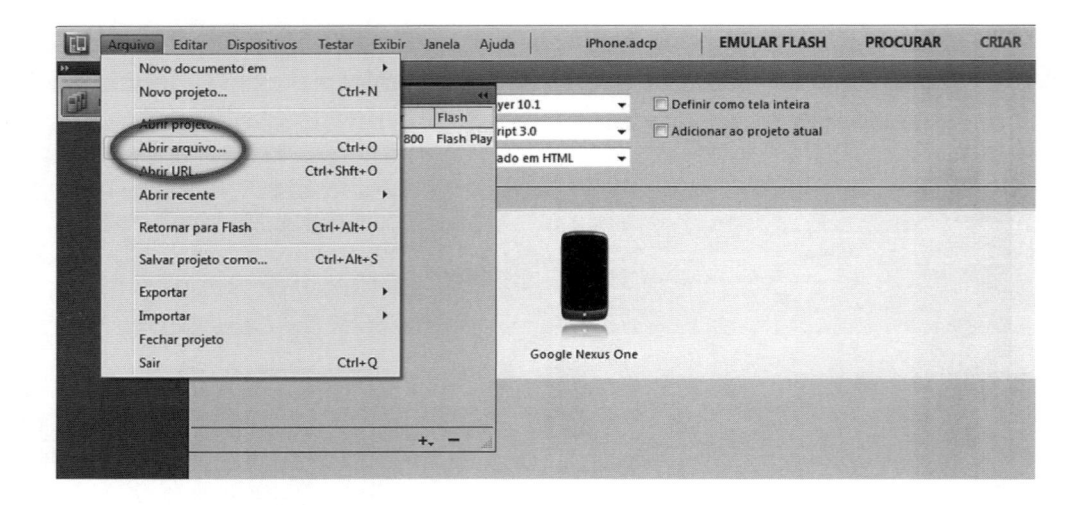

10. Escolha o aquivo **mobile.swf** da pasta workflow > finalizados.
11. O aquivo será exibido **(Emular Flash)**:

12. Cerifique-se de que a aba **teclado** esteja visível:

13. Com o mouse, clique nas setas direcionais do emulador de teclado para mover o objeto:

Referências Adobe

Guia do desenvolvedor do ActionScript 3.0
http://help.adobe.com/pt_BR/as3/dev/index.html

Referência do ActionScript® 3.0 para Adobe Flash Professional CS5
http://help.adobe.com/pt_BR/Flash/CS5/AS3LR/index.html

Uso de componentes do ActionScript 3.0
http://help.adobe.com/pt_BR/as3/components/index.html

Utilização do Flash Professional CS5
http://help.adobe.com/pt_BR/flash/cs/using/index.html

Creative Suite 5
http://help.adobe.com/pt_BR/creativesuite/cs/using/index.html

Participe do **BRASPORT INFOCLUB**

Preencha esta ficha e envie pelo correio para a

BRASPORT LIVROS E MULTIMÍDIA

Rua Pardal Mallet, 23 – Cep.: 20270-280 – Rio de Janeiro – RJ

Você, como cliente BRASPORT, será automaticamente incluído na nossa Mala Direta, garantindo o recebimento regular de nossa programação editorial.
Além disso, você terá acesso a ofertas incríveis, exclusivas para os nossos leitores.
Não deixe de preencher esta ficha.
Aguarde as surpresas. Você vai sentir a diferença!

Nome: _____
Endereço residencial: _____
Cidade: _____ Estado: _____ Cep.: _____
Telefone residencial: _____
Empresa: _____
Cargo: _____
Endereço comercial: _____
Cidade: _____ Estado: _____ Cep.: _____
Telefone comercial: _____
E-mail: _____

Gostaria de receber informações sobre publicações nas seguintes áreas:

- ❐ Informática
- ❐ Software
- ❐ Programação
- ❐ Telecomunicações
- ❐ Linux
- ❐ Gerenciamento de Projetos
- ❐ Negócios
- ❐ Internet
- ❐ Engenharia
- ❐ outros _____

Comentários sobre o livro _____
_____
_____

ActionScript 3.0

**BRASPORT
LIVROS E MULTIMÍDIA**

Rua Pardal Mallet, 23
20270-280 – Rio de Janeiro – RJ

Cole o selo aqui

Dobre aqui

Remetente:
Endereço:

Últimos Lançamentos

Fundamentos do Gerenciamento de Serviços de TI – Preparatório para a certificação ITIL® V3 Foundation

Marcos André dos Santos Freitas — 376 pp. — R$ 92,00

Este livro tem como objetivo ser um material de conscientização, apresentação das práticas propostas pelo ITIL® e preparação para a realização da prova de certificação ITIL® V3 Foundation. O livro é voltado para profissionais, Gerentes de TI, Gerentes de Negócio e pessoas que desejam compreender os conceitos, os processos e as funções do Gerenciamento de Serviços de TI baseados no ITIL® V3 e melhorar os Serviços de TI nas empresas.

BPM & BPMS 2ª edição

Tadeu Cruz — 294 pp. — R$ 69,00

Neste livro você aprenderá sobre a desorganização informacional e as tentativas de organizar dados, informações e conhecimento, como o conceito Computer-Supported Cooperative Work e as ferramentas que foram desenvolvidas com aderência a este conceito. Também vai aprender o que é Business Process Management – BPM e Business Process Management System – BPMS e as diferenças e semelhanças com o software de Workflow.

Google AdSense

Dailton Felipini — 128 pp. — R$ 34,00

(Série E-Commerce Melhores Práticas)

Este livro apresenta o genial sistema de gerenciamento de anúncios por meio do qual qualquer página da Web, desde um simples blog até um extenso site de conteúdo, pode tornar-se rentável. O Google fornece toda a tecnologia para a exposição e o gerenciamento dos anúncios. Com este livro, qualquer um, mesmo com pouca experiência na web, poderá transformar seu site ou blog em uma nova e permanente fonte de renda.

Administração de Redes com Scripts: Bash Script, Python e VBScript 2ª edição

Daniel G. Costa — 208 pp. — R$ 55,00

Três linguagens de script são abordadas no livro, todas bastante utilizadas na administração de redes: **Bash Script, Python e VBScript**. Pretende-se não apenas apresentar como utilizar essas linguagens, mas também analisar como problemas reais podem ser sanados com scripts. Nesta **segunda edição**, todos os exemplos do livro foram revisados e atualizados, e novos exemplos foram adicionados, tornando ainda mais completo e melhor este guia para os administradores de redes.

ZFS – Para usuários OpenSolaris, Windows, Mac e Linux

Marcelo Leal — 162 pp. — R$ 58,00

Se você é um usuário MacOSX, MS Windows ou GNU Linux e quer utilizar este revolucionário sistema de arquivos chamado ZFS, encontrará neste livro um guia prático para em poucos minutos instalar o sistema operacional OpenSolaris e ter exemplos completos de como desfrutar do ZFS a partir destes sistemas operacionais utilizando protocolos comuns como NFS, iSCSI e CIFS. Tudo sem complicação, pois a palavra de ordem do ZFS é simplicidade!

www.brasport.com.br brasport@brasport.com.br

SEO – Otimização de Sites

Erick Formaggio   240 pp. – R$ 52,00

SEO - Search Engine Optimization (Otimização para Mecanismos de Busca) - é um conceito atualmente bastante difundido, tendo em vista a crescente preocupação das empresas em otimizar seus sites para que possam facilmente ser encontradas por clientes. O livro aborda as técnicas de otimização dentro e fora do site, o que é e para que serve, explicando as melhores práticas para que o seu site possa mais facilmente ser localizado pelas ferramentas de busca.

Google Top 10

Dailton Felipini   112 pp. – R$ 28,00

(Série E-commerce Melhores Práticas)

Se você já pesquisou no Google alguma palavra diretamente relacionada ao conteúdo de seu site e não encontrou nenhum vestígio dele, este livro foi feito para você. Com ele, você aprenderá a otimizar seu site ou blog para colocá-lo na primeira página dos resultados de busca e torná-lo um "Google Top 10", posição que poderá representar centenas de milhares de visitantes todo mês a um custo próximo de zero.

XNA 3.0 para desenvolvimento de jogos no Windows, Zune e Xbox 360

Alexandre Santos Lobão / Bruno Pereira Evangelista / José Antonio Leal de Farias / Patryck Pabllo Borges de Oliveira   460pp. – R$ 89,00

O objetivo do livro é apresentar ao leitor a visão geral da arquitetura XNA e o processo de desenvolvimento de um jogo completo. São apresentadas técnicas de programação de jogos, desde o planejamento do projeto ao desenvolvimento de jogos 2D, inserindo funcionalidades de som e rede e, por último, o desenvolvimento de um jogo 3D em primeira pessoa do início ao fim, implementando um framework básico que poderá ser utilizado em seus jogos.

Desenvolvendo Aplicações Web com Ruby on Rails 2.3 e PostgreSQL

Ricardo Roberto Leme   216 pp. – R$ 53,00

Ruby é uma linguagem de script interpretada para a programação orientada a objetos. Ruby on Rails é um metaframework de código aberto escrito em Ruby.
Este livro é direcionado a entusiastas de novas tecnologias ou programadores profissionais que nunca tiveram contato com o Ruby on Rails e desejam aprender a construir uma aplicação web utilizando o Ruby on Rails na plataforma Windows.

Datacenter – Componente Central da Infraestrutura de TI

Manoel Veras   376 pp. – R$ 89,00

Formato: 21 x 28

Este livro apresenta uma visão integrada e inovadora do DATACENTER, componente crítico da infraestrutura de TI. O livro é modular e detalha os diversos aspectos envolvidos na construção e no projeto de um DATACENTER tanto do ponto de vista lógico como do ponto de vista físico. Temas como virtualização, processamento, armazenamento e redes são amplamente tratados sob a ótica do DATACENTER.

AutoCAD Map 3D

Kátia Góes   488 pp. - R$ 103,00

AutoCAD Map 3D é uma ferramenta poderosa que atende a construção da base de dados, correção de erros da base cartográfica, análises espaciais, produção de mapas temáticos, atlas e integração com outras plataformas de SIG sem mistérios. Este livro é voltado para os profissionais das áreas de Geociências, Engenharia, Geomática e Tecnologia da Informação que utilizam Sistemas de Informação Geográficas.

Oracle DBA Essencial Vol. 1 – SQL

Eduardo Morelli   360 pp. - R$ 75,00

Este livro segue o estilo didático presente nos livros do autor. Aborda a linguagem de manipulação de dados SQL, desde seus tópicos mais elementares até assuntos bastante complexos, tais como consultas hierárquicas, funções analíticas e tuning. O livro também pode ser utilizado como material de preparação para o Exame IZO-051, o primeiro na linha de certificação Oracle 11g.

Linux Performance & Monitoramento

Maicon Melo Alves   224 pp. - R$ 51,00

Este livro tem o objetivo de despertar no profissional o desejo por entender o sistema e seu funcionamento de um modo mais profundo, buscando demonstrar e apresentar conceitos fundamentais, técnicas, ferramentas, parâmetros e métricas, para que o leitor possa analisar e identificar quais ajustes podem ser feitos para que o sistema tenha o melhor desempenho possível.

Flex 3 + Flash Media Server 3.5 – Desenvolvimento de Aplicações Ricas para a Web

Carlos Eduardo G. Franco   292 pp. - R$ 63,00

Com este livro, você poderá fazer parte desta mudança criando, desenvolvendo e fornecendo aplicações web ricas em recursos multimídia usando Adobe Flex + Flash Media Server. No livro essas duas tecnologias estão integradas para que você possa criar ambientes a serem usados em Web Seminários, WebTV, videoconferências, soluções em streaming sob demanda e muito mais.

Transformando Imagens de Moda com Corel PHOTO-PAINT

Daniella Romanato   148 pp. – R$ 68,00

Formato: 21 x 28

Primeiro livro específico de Corel PHOTO-PAINT para moda! Ensina, passo a passo, a utilização de todas as ferramentas do programa direcionadas ao público de moda. O Corel PHOTO-PAINT faz parte do pacote CorelDRAW e sua principal função é a edição de imagens. Com sua utilização, simples fotografias podem se tornar verdadeiras obras de arte. É um programa de edição gráfica e retoque fotográfico de grande importância para o setor da moda e imagem pessoal.

Montagem e Manutenção de Computadores

Wagner Cantalice   292 pp. – R$ 59,00

Formato: 17 x 24

Através de didática clara, objetiva e com inúmeras ilustrações passo a passo o leitor conhecerá a história e tipos de computadores, bem como aprenderá a escolher o tipo de computador certo para a atividade que deseja. Entre os assuntos abordados destacam-se: as peças do computador; como montar um computador on-board e off-board; configuração do SETUP; instalação do Windows XP, do Windows Vista, do Office e de antivírus; lista dos principais defeitos e suas soluções e muito mais.

www.brasport.com.br   brasport@brasport.com.br

Gerenciando projetos de software usando Visual Studio Team System

Ramon Durães   416pp. – R$ 81,00

Formato: 17 x 24

Ao iniciar a leitura deste livro, você terá uma apresentação de todo o ciclo de Application Lifecycle Management oferecido pelo Visual Studio Team System e os componentes que fazem parte da solução. O Team Foundation Server é um dos grandes pilares da solução, coletando as informações do ciclo de desenvolvimento e integrando todos os participantes do projeto. Serão discutidas sua instalação e configuração, além dos serviços relacionados como Sharepoint e Report Services.

Cloud Computing - Computação em Nuvem

Cezar Taurion   228 pp. – R$ 59,00

A proposta deste livro é explorar e debater os principais aspectos de uso da Computação em Nuvem, suas potencialidades e restrições, suas tecnologias e aplicabilidades. O livro vai concentrar sua atenção nas aplicações e no uso prático no contexto dos usuários corporativos e seus desafios frente a este novo modelo computacional. A Computação em Nuvem ainda tem muito a evoluir. Estamos todos aprendendo e este é o momento de conhecer um pouco mais seu conceito, suas tecnologias e suas formas de uso.

Android para Desenvolvedores

Lúcio Camilo Oliva Pereira / Michel Lourenço da Silva   240 pp. – R$ 61,00

Formato: 17 x 24

Este livro apresenta exemplos práticos, passo a passo e teóricos com a implementação disponível no CD-ROM que acompanha o livro. O objetivo principal deste livro é fornecer ao leitor os recursos disponíveis, focando de forma ilustrada e detalhada as informações indispensáveis no domínio da plataforma, além de muitas dicas e visões gerais sobre os itens de mais fácil entendimento. A informação é vista de forma gradual e crescente, possibilitando que ao final do livro você possa desenvolver suas próprias aplicações dos conceitos aprendidos.

Java Dicas & Truques

Daniel Gouveia Costa   364 pp. – R$ 69,00

Se você já programa em Java, este é o seu livro! Diversos truques e dicas são apresentados para muitas situações práticas de programação, além de novas características da linguagem. Sente e aproveite a leitura. Agora, se você já é um programador experiente, não desanime. Além das inúmeras dicas, você irá encontrar muitos detalhes sobre a estrutura da linguagem Java que são cobrados em provas de certificação. Este é o livro para todos aqueles que querem aprimorar suas habilidades na programação em Java.

Planejamento Estratégico Digital

Felipe Morais   228 pp. – R$ 61,00

Este livro visa abordar esse tema de forma simples, clara e objetiva, ensinando como pensar estrategicamente um projeto digital, observando e analisando mercados, consumidores, concorrência, tendências e, com isso, elaborando estratégias eficazes, sempre usando como exemplo uma empresa fictícia criada apenas para este livro, chamada Canetas Legais.

BRASPORT LIVROS E MULTIMÍDIA LTDA.
RUA PARDAL MALLET, 23 – TIJUCA – RIO DE JANEIRO – RJ – 20270-280
Tel. /Fax: (21) 2568.1415/2568.1507 – Vendas: vendas@brasport.com.br

Impresso nas oficinas da
SERMOGRAF - ARTES GRÁFICAS E EDITORA LTDA.
Rua São Sebastião, 199 - Petrópolis - RJ
Tel.: (24)2237-3769